新書y
064

人はなぜ働かなくては
ならないのか

新しい生の哲学のために

小浜逸郎
Kohama Itsuo

洋泉社

新書y
064

人はなぜ働かなくてはならないのか

新しい生の哲学のために

小浜逸郎
Kohama Itsuo

洋泉社

はじめに

この本は、二〇〇〇年七月に、同じ洋泉社・新書yから出版された『なぜ人を殺してはいけないのか』の、いわば続編として書き下ろされたものである。前著同様、十個の難問に答えるという形式をとっている。しかし、単なる続編ではない。前著は、倫理的な問いに答えることに軸足をおいていたが、今回は、少し観点を変えて、そもそも人間とはいったいどんな存在なのかという哲学的な掘り下げを主眼としている。

この本を書こうという意欲を私にかき立てさせたきっかけはいくつかあるが、主なものは次の三つである。

一つは、二〇〇一年九月十一日に起きた、アメリカにおける同時多発テロ事件である。ワールドトレードセンターのあの倒壊の映像は、なんとか平穏に生きていた先進国の住民の魂を激しく揺さぶった。二一世紀の人類世界は、これからどのような展開を見せるのだろうか。そういう根源的な不安と懸念を抱かせるに十分な世界史的事件だった。

個人一人ひとりは、砂粒のように小さいが、世界史の巨大な動きを作っているのが一人ひとりの人間であることもたしかだ。「人間にとって最も不可解なものは人間自身である」といわれる。だが、いったいどういう「人間自身」のからくりによって、世界史は作られるのか？　個人と社会、個人と国家のつながりはどういうふうになっているのか？

私たちはみな、みずからのせせこましい実存世界の中でもがきながら生きている。しかし、一方では、大きな客観世界の情報に対して無関心を決め込むこともできないという宙づりの状態におかれている。この一種の「宙づり状態」は、私たちに、人間自身についてもっとよく知るべきだという思想的衝動を強いてやまない。人間の生は、すっかり解明されたのだろうか？　それならなぜ人間自身によるあのような事件が引きも切らずに起きるのか？

これらの謎を解くために、すぐれた先人たちはこれまでさまざまな角度からさまざまな知的努力を重ねてきた。しかし、人知はまだまだ発展途上にあって、じっくりと時間をかけて考えなくてはならないことが山ほどある。そしてその間にも、世界は予想外の動きを見せつつ展開してゆく。私はいま、ひとりの物書きとして一種の「焦り」を感じているが、この「焦り」には、自分に振られたささやかな役割の輪郭が明確化してきたという軽い興奮が伴っていないわけではない。

もちろんこの本では、テロ事件やその後の世界情勢について、けっして多くのページを割《さ》いてはいない。そこに焦点を合わせて論じる専門家たちの役割とはまた別に、哲学や思想の先人たちがとった思考のスタイルに自分の方法を少しでも寄り添わせてみることが、私にはふさわしいと思われたからである。人間が人間であるゆえんを、非力を覚悟のうえで、偏りなく一から考え直してみよう。それが、あの事件によって触発された私なりの「志」であった。

きっかけの二つ目は、「朝日新聞」が二〇〇一年の八月に、「永遠の宿題・21世紀最初の夏休みに」と題して、七つの問いかけに対して錚々《そうそう》たる識者たちが答えるという特集を組んだことにある。

「人間にとって死とは何か」「なぜ戦争はなくならないのか」「なんのために生きるのか」「人はなぜ恋をするのか」「なぜ私は私なのか」「学ぶとは、どういうことか」「なぜ普通にしないといけないのか」というのがその問いかけであった。たしかに、どれも本質的な「永遠の宿題」であって、企画としては、たいへんすぐれたものだ。だが残念ながら、私には、一部を除いて、大半が問いそのものにまともに答えたことになっておらず、個別の経験の披瀝にいささか言葉の技巧をまぶしただけのはぐらかしをやっているとしか思われなかった。新聞という媒体の性格上、これは仕方のないことかもしれないが、では肝心の「宿題」のほうはどうするのだ？

私は、この不満を安らかに鎮めることができなかった。ならば、おれができるところまでやってみよう――そういう大それた野望のようなものが、どうやら私を突き動かしたらしいのである。

きっかけの第三は、あまり知ったかぶって語る資格がないのだが、この日本で、一部の「哲学アカデミズム」の世界や、一部の「文壇的知識人集団」の世界が、いまだに現代西欧思想から輸入された難解な概念や、普通の人間の生にとっては些末《さまつ》としか思われないような問題意識を後生大事に抱え込みながら、その世界でしか通用しない「ジャーゴン」をもてあそんで村社会を作り、自己満足的な輸入商売にふけっているという風景が感じられる点である。もし、そういう風景が「日本の思想世界」を本当に覆っているのだとしたら、それは、「日本人には思想が作れない」という古くからある情けなくも自嘲的な「常識」の、裏返しの反復以外のものではあり得ず、思想的頽廃を思想的頽廃として見抜けない状態の再生産を繰り返しているだけのことである。

私は外国語が満足にできず、西欧哲学、西欧思想に関しては原書もろくに読めない一介の「どしろうと」にすぎない。それでも、数少ない畏友たちの援助にすがりながら翻訳書の幾ばくかを苦労して咀嚼《そしゃく》し、人並みの人生経験を積み、それらを糾合《きゅうごう》させることによって、人間というこの不可思議な存在に対する解明の糸口だけはつかんでいるというささやかな自負がないわけではない。そのささやかな自負をいくらかでも裏付けのあるものとして示すために、なるべく多くの人に共感してもらえるような日本語で、「生」という主題について真正面から語ってみたかった。

以上が、この本を私に書かせた動機であるが、そういうおまえ自身もまだ、生硬で難解で、論理のつきつめが足りず、多くの人を納得させるような人間理解には至っていないという批判があり得ると思う。こうした批判を私は今のところ甘んじて受けようと思っているが、その批判をよく生かすためには、二つのことが必要とされる。一つは、表現そのものに磨きをかける技術的な修練である。また二つ目は、ここではおおざっぱにしか触れることのできなかった主題、とくに「情緒」や「身体」や「言語」や「美」や「性愛」といったテーマに対して、さらに緻密な掘り下げを行うことである。

それらの課題がきちんと果たされるのが先か、私の命数が尽きるのが先か、それは神のみぞ知るとしかいいようがないが、次のことだけはたしかである。すなわち、いま、哲学や思想に何かが求められているとしたら、それは、スコラ的な隘路《あいろ》にはまりこんでしまった現代哲学・思想の暗礁を曇りなく見つめ、その「行き詰まり感」をまずできるだけ取り払うことである。そのためには、哲学や思想の営みの本来的な動機を、どの時代や社会にあっても人々が共通にぶつかる「生」の問題、個別諸科学だけではけっして語り尽くせない実存的な問題のうちに再び差し戻すことが求められる。私はそれを、死と労働と愛と権力の四つに整理できると考えている。

本書は、この四つのテーマをそのままの順序で追究している。ただし、その前に、そもそも人間とはいかなる存在かという問題に対する私なりの理解の仕方を、ラフスケッチのかたちで示しておいた。この部分は、原理的な問題を扱っているので読み通すのに最も困難を感じる部分かもしれない。最も読みにくい部分を初めにもってくるというのは、サービス精神のないことおびただしい話だが、ここを通過しないと、その他の設問と応答に対する有機的な理解が充分に得られなくなってしまう。著者としては、何とか第一問からそのまま突入していただくことを読者諸氏にお願いする次第である。

本書が少しでも私の意図の実現になり得ているかどうか、期して読者諸氏のご高評を仰ぎたいと思う。

人はなぜ働かなくてはならないのか*目次

第四問
人はなぜ働かなくてはならないのか 103

第五問
なぜ学校に通う必要があるのか 127

第六問　なぜ人は恋をするのか　147

第七問　なぜ人は結婚するのか　175

第八問　なぜ「普通」に生きることはつらいのか　191

第九問
国家はなぜ必要か　221

【第一問】
思想や倫理は何のためにあるのか

†思想や倫理はないほうがいい？

思想や倫理をもつのは人間のみである。なぜ人間は、こんなやっかいなものを抱え込むに至ったのだろうか。ことと考え方次第では、こんなものはむしろないほうがいいという感じに捉えられることもしばしばあるのではないだろうか。

というのも、私たちは、長い人類史を通して、特定の思想や特定の宗教的な倫理への遵奉《じゅんぽう》と固執によって悲惨な殺し合いを幾度も経験してきたという記憶を抱えているからである。また、ある思想や倫理が特定の共同体の内部で強固な規範として定着しているとき、その共同体の個々の住民が、規範と欲望の二律背反に引き裂かれてもだえ苦しむという事実もいくらでも見られるからである。

それでもなお、人間は思想や倫理をもつことをやめそうにない。とすれば、そこには、何か人間の本性にもとづいた根拠があるに違いない。その根拠が明らかになるなら、思想や倫理というものの一般的な必要性が納得できるし、さらにそこから進んで、私たち自身がどのようなかたちでもっとよい思想や倫理を編み直せばよいのかという道筋も見えてくる可能性がある。

そこで、そもそも思想とは何か、倫理とは何か、人々は、どういう営みをさして「思想」とか「倫理」と呼んでいるかを考えてみることにしよう。だがそのためにはまず、人間とはいったいどんな存在かということについてアウトラインをつかんでおかなくてはならない。*1

†人間とはいったいどんな存在か

私たち人間は、動物一般（サンゴ、ヒドラなどの群体的な腔腸動物をのぞく）と、その生物的な形態あるいは構造上の共通点を抱えながら生きている。どんな人間も、動物一般としての原理的な制約から逃れることはできない。その原理的な制約とは、次の諸点である。

①個別に分かたれた身体をもち、それぞれが統一された生体組織をもつ。

②それぞれの個体が同一の形態や組織構造をもつことによって「同類」として括られ、かつ他の種と区別される。

③それぞれの個体は、他の個体の生殖活動によって発生する。
④それぞれの個体は、成長し、生殖し、老化し、死ぬ。
⑤それぞれの個体は、無機的自然や他の有機的自然との間に関係を結び、その関係を通して新陳代謝を行うことによって、生存を維持する。
⑥それぞれの個体は、それぞれに固有で独立した「知覚－運動」「摂食－排泄」「循環－代謝」などのシステムを有する。

これらの原理的な制約は、しかし同時に、動物が動物であることの必須条件をも意味するので、この条件にもとづいて、必然的に、動物の動物らしさ、つまり「意識らしきもの」を付随させることになる。

ここであえて、「意識」と呼ばずに「意識らしきもの」と呼んだのは、アメーバや、タコ

＊1　私がここで採りたいと思う思考スタイルは、フッサールの「方法的独我論」のひそみにならって、「方法的唯物論」とでもいうべきやり方である。私たちが日常性のなかでとっている「自然的態度」を現象学のようにエポケーせず、むしろそこから出発してなだらかに「観念的存在」としての人間を論ずるという道筋をたどりたい。なぜそのほうがいいと思えるのかについては、後日の探求にゆだねる。なお、すべて思想や哲学というのは観念論なのであり、よく自覚された唯物論もその例外ではない。唯物論の敵対物は観念論ではなく、盲目的な独我論である。盲目的な独我論と盲目的な自然科学的経験主義とがおのれの限界をわきまえずに不毛な対立を繰り返すのである。これらについては、後の文脈のなかで批判する。

や、カブトムシや、ワニや、スズメや、イヌ、サルなどが、私たち人間が自己了解しているのと同じような「意識」をもっているのか、もっているとすればどのようなかたちにおいてか、ということを正確に検証することが不可能だからであり、どんなに実証科学的なアプローチをもってしても、たかだか観察や実験による推定の域を出ないからである。よく聞かれる親子の次のような会話は、この限界を的確に示してあまりある。「ねえ、ママ、アリさんの気持ちってどんなんだろうね」「さあねえ、アリさんになってみないとわからないわねえ」。

しかし論理的に考えるなら、すべての「動く生物個体」は、他の個体から相対的に自由に個体として動くという、そのあり方からして、必然的に、何か「意識らしきもの」をはたらかせていると見なしてよい。なぜならば、自身の生存を維持するために動くことが必要であるなら、外敵からの避難や捕食の活動を適切に行うために、自らの内的状態や外的環境に対する「知覚」的なもの、「記憶」的なもの、「感情」的なもの、「判断」的なもの、「意志」的なもの、「予期」的なものを、身にそなわせることがどうしても要求されてくるからである。

それらが、たとえどんなに短期的で漠然とした性格のものであれ、またたとえどんなに単純な反応行動にしか帰結しない性格のものであれ、私たちが「意識」と呼んでいる概念が、その最底辺において、この生存維持のために「自発的に自由に動く」という動物特有の条件によって要請され、また支えられていることはうたがいがない。解剖学的に神経索の発達がまったく観察されないアメーバやゾウリムシのような原生動物においてさえ、「意識らしきもの」が完全に欠落していると断定することはできない。というのも、彼らもまた、ある内的・外的刺激を彼らの生存にとっての「意味」として、それぞれ独特の仕方で主体的に受け取っているからこそ、その刺激に対して、いかにも「動物」らしい、敏速で連続的でしなやかな、不定型の動きを示すのだからである。それは単なる機械的な「反射」ではあり得ない。

心理分析家のアドラーは、この点についてたいへん興味深いことを述べている。意識の根拠は、その持ち主がある目的を持って行動するという点に求められる。行動することのできない生物である植物が、たとえば、「私は自分の身体の一部である枝を折られたので痛みを感ずる」とか「私はやがて人の足に踏みしだかれるであろう」などと感覚したり意識したり表象したり予期したりして、いったい何の意味があるだろうか、と。

何かある対象を感知したり、記憶にとどめたり、表象したり、予期したりする「意識らしきもの」のはたらきに意味があるのは、その主体が、自分の身体とその問題になっている対象との関係を迅速に変える可能性、つまり行動能力をもっているからこそである。したがって、植物には意識はないと見なすべきである。

さて、このように、「意識らしきもの」をもつことがほとんどすべての動物にとって共通の生存条件であるという、最も基礎的な認識を前提としたうえで、いうまでもなく、それぞれの種にはそれぞれの種に特有の意識のあり方があると考えなくてはならない。そして、私がここで問題としたいのは、もちろん、人間の意識の特性、他の動物とは格段に違ったそのあり方についてである。

ここで、人間の意識が他の動物のそれに比べて、「高度である」とか「複雑である」とか「精妙である」といった、程度問題的な形容の仕方をしても、あまり意味がない。人間の人間たるゆえんを、あくまでもその「質」においてつかむことが大事だからである。

また「人間は万物の霊長である」といった、価値序列的な特性づけをすることも、この際問題とならない。それは、ちょっと見方を変えれば、「人間はどうも、困った動物だ」といったネガティヴな評価にただちに反転させうる判断様式でしかない。というのは、人間はその意識特性ゆえに、種全体の自滅を可能にするほどの殺戮兵器を考え出せるし、また激しい性愛感情に翻弄されて身を滅ぼしたりする生物だからである。さしあたり重要なのは、人間における意識が、どういう特性を持っているかということをきちんと確定することだけなのだ。

人間の意識は、一言でいうなら「個体超越的」な次元をもつ。それは、自分の身体の空間的・時間的な限界を無限に超えてゆく可能性を初めからもたされている。

むろん、意識が意識であるかぎり、それは、その宿主である身体そのものについての意識であるという原理的な制約をまぬがれない。一七世紀の哲学者スピノザが『エチカ』で喝破した通り、「人間精神を形作る観念の対象は身体であって、それ以外のなにものでもない」。

しかし人間の意識は、その制約をまさに制約として捉えうることにおいて、個体超越的なのである。この、個体超越的であるという人間意識の本質を、宗教では「霊魂」とか「魂」と呼び、哲学では「精神」とか「自由」と呼び、また心理学では「心」と呼ぶのである。

†人間意識は「個体超越的」であることを本質とする

では、「人間の意識は、自分の身体の制約をまさに制約として捉えうることにおいて、個体超越的である」とはどういうことか。わかりやすい例を挙げよう。

私たちの暮らし慣れた生活領域の近くに、大きな川が流れているとしよう。この生活領域には、私たち人間だけでなく、多くの動物が棲息している。ゴミムシ、ミミズ、チョウ、キジバト、ビーバー、タヌキなど。しかしこれらの動物たちは、彼らの行動から推定するかぎり、自分の身体が可能にしている棲息領域を越えた「観念」の次元をもとうとしないと判断できる。つまりこの場合でいえば、彼らは、川の向こうに何があるか、そこはもしかしたらいまの自分たちがおかれている環境よりももっと快適なのではあるまいか、あるいは逆に、恐ろしい鬼神が住んでいるのではないか、といった「想像力」の次元をもとうとしない。彼らは、自分たちの棲息範囲に自足しており、川の存在を、せいぜい自分の生存の単なる限界として意識する(あえて言葉に翻訳してみるなら、「あ、ここから向こうへは行けないや」)か、または利用可能な環境として意識する(「ここは餌も豊富だし、巣作りにも適しているぞ」)か、さらには、翼によってなんなく飛び越えていけるために、別に大きな意味をもつ対象としてことさら自分に引きつけようとしない(「木の実を食べ尽くしてしまったから、向こうに飛んで、新しい餌を見つけよう」)。

しかし、人間は違う。たとえば人間の身体には翼がないので、鳥のように川の向こうには行けない。しかしその身体の限界を、まず自分の可能性の制約として繰り込み、そこから、「川の向こう」という未知の領域についてのこだわりの意識を保ち続ける。このこだわりの意識には、さしあたり限界がない。というのも、人間の意識は、自分の身体がどういう空間的・時間的な限界をもつかもたないかにかかわりなく、いくらでも自分の身体との関係に引きつけてその可能性の範囲を想像レベルで広げていけるからである。

この、可能性の範囲を想像レベルでいくらでも広げうる特性が、さまざまな形式を獲得したとき、それは、一定の行動や観念として結実することになる。たとえば、船を造ったり橋を架けたりする計画となってあらわれる場合もあるし、その風景の美しさに感動するかたちをとることもあるし、川の向こうに何が棲むかについての物語を作ることもできる。また、かつてこの川が存在していたのかどうか調べることもできるし、自分の死後、この川がどういう変遷をたどるかを推測することもできる。

このように、人間にとっては、制約の意識そのものが、ただちに反転して、「物理的、生理的なものとしての身体からの観念の自由」を立ち上げる土台として機能し、作動する。人間がある条件を自分の身体の制約として意識するというこの事実と、哲学でよくいわれるように、人間の精神の本質が機械的な自然必然性からの自由に存するということとは、じつは同じことを表側と裏側から表現した言い方にすぎない。制約を制約として意識できるということは、人間の意識の本質が自由だからであり、逆に人間の意識が自由である事実は、具体的な制約を媒介としてこそ初めて確認され、実現されるのである。

しかし繰り返すが、こうした自由な人間意識の展開が実際にどんなに高度で複雑で、身体の物理的限界を超えた道具や機械や言語や芸術などの文化的な生産物に結実したとしても、基本的に、意識とは、自分自身の身体についての、身体にかかわる、身体を対象としたはたらきであるという原理は変わらないのである。

†人間身体のエロス的領域と社会的領域

さてそれなら、人間にとって「身体」はどんなあり方をしているだろうか。

私は、前著『なぜ人を殺してはいけないのか』（洋泉社・新書y・なお、以下『なぜ人を』と略記）において、発達心理学者・浜田寿美男の身体論（『「私」とはなにか』〈講談社・選書メチエ〉）を紹介しておいた。彼によれば、人間の身体は、はじめから本源的な個別性と本源的な共同性の二重性として存在しており、後者はさらに相補性と同型性との二つの側面を有している。

本源的な個別性とは、だれもがばらばらで独立した身体をもってこの世に存在せざるを得ない事実を指す。また本源的な共同性とは、それにもかかわらず、あらゆる人間身体は、共同社会のなかに生まれてくるために、もともと共同的な特性を完備させることを予定のプログラムとして自分のなかに組み込ませている事実を指す。

さらに、相補性とは、能動‐受動のやりとりによる自己‐他者関係のあり方であり、同型性とは、相手の身体表現をそのままなぞることによる自己‐他者関係のあり方である。この二つの特性（相補性と同型性）によって、人間の身体は、意味や言語によって成り立つ共同社会の土台を形成する。

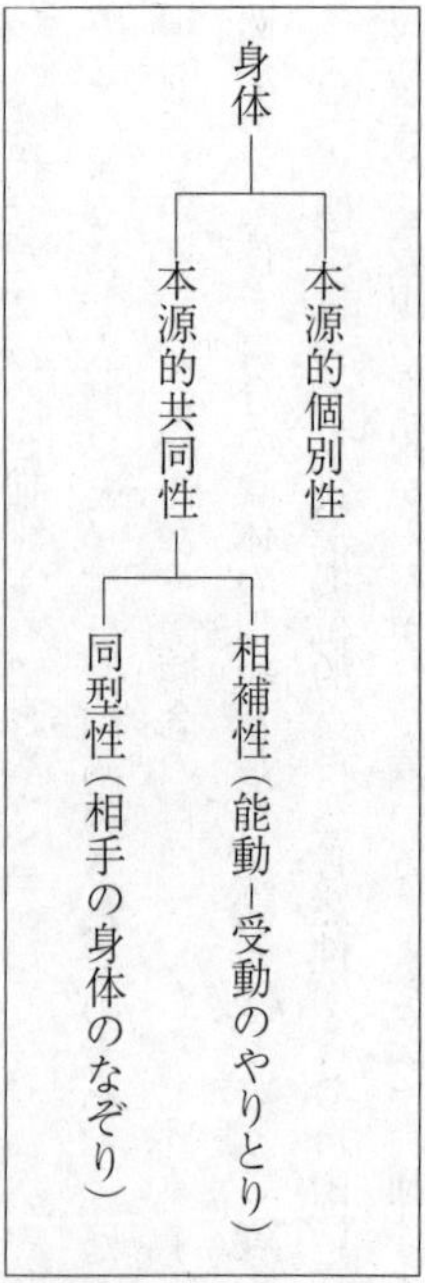

詳しく解説している余裕がないが、この捉え方は、人間

身体の抽象的な本質を捉える仕方として、きわめてすぐれている。浜田理論のいちばんのポイントは、人間身体がもともと共同的なものだという点にある。

しかし私は、身体のこの抽象的な捉え方に、さらに具体的な区別を上乗せしたいと思う。それは、人間がなぜ思想や倫理を必要とするかという問いに答えるために、身体の本源的共同性に付き添い対応するものとしての「意識」や「心」のやっかいなあり方に注意を促しておくことがぜひとも必要だと考えるからである。

浜田の説く通り、人間の身体は、個別性と共同性の二重性をその本質としてもつが、後者の共同性には、彼のいう「相補性と同型性」という区別とはまた別の意味で、二つの区別が存在する。それは、身体と身体とを互いに「その個別の特殊な身体」「他とは交換不可能な身体」として直接的にあいかかわらせる領域（これをエロス的領域*2と呼ぼう）と、このエロス的領域におけるかかわりから発生する問題を処理しようと意図するところに必然的に

*2 「エロス的」という言葉は、「性的」「エロチシズム的」という概念と誤解されやすいが、他に適切な言葉が見つからないので、この言葉を用いる。前者は後者を含んだ、より広い概念である。私がこの言葉に長年こだわりつづけているのには理由がある。人間のあり方をとらえるのに、たとえば「私と公」とか、「個と共同」といった二項概念だけで押してゆくと、それぞれの前項（「私」「個」）が、個体としての意識や身体を指しているというイメージを強く背負わされるために、人間をどこまでも関係的存在としてとらえようとする私の意図がぼやけてしまうからである。人間は、関係的存在として、エロス的であると同時に社会的なのである。

生まれる領域（これを社会的領域と呼ぼう）との区別である。社会的領域においては、ある身体が「その個別の特殊な身体」と見なされるのではなく、まずいったんは「一般的身体」として扱われ、しかるのち、一定の役割を担うものとして意味を付与されるが、この役割は常に交換可能である。

この区別を施すことは、すでに、身体という概念がフォローできる範囲をはみ出し、むしろ情緒や言語や理性などのように、身体とは相対的に自立した領域（心的領域）固有の問題に踏み込んでいると考えられるかもしれない。しかし、すでに述べたように、そもそも「心」とは、つきつめていえば、自己の身体そのものに常に寄り添い、自己の身体そのものを主題とする「はたらき」の全体をいうのである。したがって、「心」のはたらきにおいてもしある区別を想定できるとするなら、その区別はまた、身体のあり方と照らし合う関係にあると考えてさしつかえない。すぐ後に述べるように、人間の身体は、生まれ落ちたときから「意味の体系」に覆われているので、身体そのものについて考えを深めようとするだけで、どうしても、私が述べたような区別を施すことが避けられないのである。

†心身の相関は因果関係ではない

ここで、この古くからの問題（心身相関問題）について、ひとことことわっておく必要を感じる。デカルトは、身体と心（または、物体と魂）とを「延長をもつ実体」と「思惟する実体」というように、本質の異なるものとして区別した。この区別は、それ自体間違ってはいないが、誤解を生みやすい表現である。とくに現代人が読む場合には、「実体」という言葉のイメージが当時（一七世紀以前）と今とではかなり違うことに注意する必要がある。だが、当時すでにこの「実体」という概念は、混迷期を迎えていたようで、現にデカルト自身、それではその異なる二実体の関係はどうなっているのだと問われて、自分の説を曲解し、その説のよいところを殺してしまった。彼は、この問いに対して、心の機能は松果腺という身体の特定部位に集中するというようなおかしな説を立ててしまったのである。

この説がおかしいと考えられるのは、現在の脳生理学の水準から見て機能局在論として間違っているからではない（もちろん機能局在論としても間違っているが）。そもそも「本質の異なる二実体」が物質的な箇所で出会うという発想そのものが、原理的におかしいと言いたいのである。*3この発想は、後に発達した自然科学が、脳の仕組みがわかれば「心」がわかるはずだという「信念」に固執するようになった弊害の元をなすものである。

しかしまた、心身相関問題は、東洋的な「心身一如」といった曖昧な表現でごまかせるようなものでもない。身体と心とは、たしかにデカルトがはじめに考えたように、概念の次元をまったく異にしているが、そうでありつつ、相互に意味を照らし合わせることの可能な、人間の二様態なのである。[*4] 身体は、必ず物理的実在性をもつが、ただの物理的実在ではない。また心は「はたらき」あるいは、「自分の身体のあり方を問題とすることそのこと」を意味するから、まったく物理的な実在性をもたない。

したがって、ここでは、両者のつながり方や接点や因果関係はどうなっているのかという単純な問題構成を設定してはならない。それを安易にやると、デカルトのように、「両者は松果腺を接点とする」と言ってしまったり、また、現在の脳生理学のように、心の動きと、脳の機能の局在論的な部位の変容(化学物質の分泌や抑制や電気的なパルスの励起などによってたしかめられる「興奮状態」)との並行関係の解明によって「心」のメカニズムがわかるはずだという発想だけで思考停止してしまうのである。

これらの発想(一括りにいえば、「心の存在する場所」を物質的に定め、身体→心という因果関係で人間を理解しようとする自然科学的な発想)が原理的にもっている限界がどこにあるかは、次のようなことを考えただけでわかる。

たとえば私が、セザンヌのある絵を見て感動を覚えたとする。そのとき実験心理学や脳生理学が積み上げてきた精巧な検査器具を用いて、私の脳のどの部位にどんな変化が起きているか、またそのときどんな化学変化が起きているかを検証することはできる。つまり、たしかに私の脳の特定の部位におけるある物理化学的な作用と、美的感動という心理的な作用との間には並行関係があることが確かめられるから、私の脳の特定部位の物理化学的な作用がなければ私の「心」というはたらきもまたないことは立証できる。しかし、それは、脳の物理化学的な作用が、私の「心」の作用の「理由」や「根拠」であることを少しも意味していない。というのは、この因果関係はただちに逆転させて考えることも可能であって、私の「心」が感動したから脳に一定の変化があらわれたのだともいいうるからである。結局、自然科学的なアプローチは、私がなぜセザンヌの絵に感動したのかという「理由」や「根拠」をまったく説明することができない。

ベルクソンは、『物質と記憶』のなかで、この心身の「並行関係」、身体への心の「依存関係」が、両者の「因果関係」を解明しない事実を、「ハンガーと上着」という巧みなたとえによって説明している。彼によれば、ハンガー（身体）に掛けられた上着（意識、心、精神）は、ハンガーがなければ落ちてしまう（致命的に壊れる）から、心や精神は身体の存在にま

＊3　デカルトは各所でこの説に固執しているが、『情念論』ではこの説の直前で、「心」の存在する場所を特定することの不当性を説いてもいる。いったいに『情念論』は、自ら立てた二元論に振りまわされた矛盾と混乱に満ちた書物である。この混乱は、物事をすべて「因果関係」で理解しようとしたところに起因している。

＊4　この点でも、デカルトを批判して、延長と思惟とは、唯一の実体としての「神」の異なる二属性であるとしたスピノザのほうが、事態を直観的に正しくつかんでいたといえる。

ったく依存しているとはいえるが、だからといって、ハンガーの存在は、上着という存在の本質（理由、根拠）を説明するものとはならない。繰り返すが、意識や心や精神の本質は、個体超越的な「はたらき」そのものであるという点に求められる。

私がセザンヌの絵に感動する「理由」を求めようとするためには、第一に、私が自分の人生において、どんな知覚経験や情緒経験を積み重ねてきており、それによって視覚的な美に対する自分の「心」の態勢がどのような反応様式をもつに至っているのかということが問われなくてはならないし、また第二に、セザンヌの絵が、多くの鑑賞者の共感を誘うに足るどんな美的特性を持っており、しかも、彼自身のどんな知覚経験や情緒経験や実作経験の結果としてそのような美的特性を獲得するに至ったのかということが問われなくてはならない。この両者が明らかとなり、しかもその間に符合の関係が見いだされたとき、かろうじて、私の感動の「理由」を記述する端緒が開かれたといえるのである。しかも、このような試みが可能なためには、そもそも視覚芸術に対する美的感動とは何であるのかという哲学的な考察がともなわなくてはならない。そしてそれは、つきつめれば、身体とは何か、心とは何かという難問に原理的に答えなくてはならないという要請に再び還元されるのである。

†身体は「意味」の統合としてある

しかしここではこの問題にこれ以上深入りせずに、話を元に戻そう。私は、「心」を扱う場合にぜひ必要であるのと同じように、身体という概念の内部においても、エロス的領域、社会的領域という区別を立てることが可能であり、また必要でもあると考えている。言い換えれば、人は自分の身体をこの世に存在させるだけで、その身体に「エロス的身体性」と「社会的身体性」という二つの意味的な属性を帯びさせるといってよい。

要するに、人間は、その身体そのものにおいて、すでに人間特有の「意味」をはらませており、この意味の実現の座こそが身体なのである。

では人間の身体がそれ自体として意味をはらんでいるとは、どういうことか。私の考えでは、人間の身体は、次の五つの「意味体系」の統合されたものとしてこの世界に存在している。

①生理機構あるいは内的システムとしての身体
②主観的な世界像を成立させる座としての身体
③外的世界との関係を変更する手段としての身体
④他者との関係における相互認知、相互交渉の手がかりとしての身体
⑤エロス的な関係や価値を創造したり維持したり破壊したりする身体

簡単にいえば、①は主として、臓器的な機能によって担われる意味体系であり、個体の生

命維持そのものを支える。②および③は知覚‐運動機能によって担われる意味体系であり、個体の生活活動一般を支える。そして、④は、人間の社会的な関係や行動一般を可能にしている身体の意味体系であり、さらに⑤は、人間の情緒的な関係や行動を可能にしている意味体系である（詳しくは、拙著『無意識はどこにあるのか』洋泉社・第四章参照）。

もとよりこれらは、分析のための便宜的な分類であり、それぞれの意味体系は互いに独立無関係に機能しているわけではない。①から③までは、すべての動物身体に共通の意味体系であり、これが存在しなければ、④や⑤は成り立たない。また、④や⑤は、個体性を強くもつようになった高等動物一般にもかなり明瞭に観察される意味体系だが、とくに人間において、その重要さが際だっている。さらに、⑤は④に含まれるとしてもよいが、ここでは、エロス的な関係、すなわち個体と個体との間に結ばれる、情愛とか、性愛とか呼ばれる関係領域が人間生活にとってもつ格別の価値を強調したいがためにあえて区別したのである。

人間の身体（あるいは「身体性」）は、このように、いくつもの意味体系が互いに絡み合い、支え合うことによって、一定の統合された意味としてこの世に存在している。そして、その統合された意味は、意味であるかぎり、常にある「価値の表現」としてもあらわれる。人間の身体は、それが私たちの世界に存在するだけで、一つの「表現」的志向性をもつ。

身体がそれだけで意味として存在しているという言い方は、身体という「物体」が内部から意味の光を放っていると考えているかのような誤解を招きやすいかもしれない。しかし私がここで言いたいのは、そういうことではない。

ある問題対象（この場合は「身体」）は、それをまさに問題対象として関心を差し向けようとする主体との関係を離れては、そもそも何らかの「意味」ある対象として成立し得ない。むしろ「意味」とは、私たち人間主体（あるいは動物主体）が自分自身の身体をも含むこの世界の総体に向き合うときに、必ずそれを通して世界を受け止めざるを得ないところの「実践的な把握作用」そのもののことである。

そこで、次のようにもっと正確にいい直そう。**人間にとって自らの身体および他者の身体は、私たち人類がそれらに共通の関心を差し向けることによって歴史的に累積させてきた、いくつもの「意味」の体系を通してしか、その存在の実相をあらわにしない、と。**

たとえば、一人の成熟した未婚の女性を思い浮かべよう。彼女は、若く健康で、美しく、優しい性格を持ち知性的である。この女性はあきらかに男性にもてるであろうし、社会的な労働力としても高い評価を得るであろう。つまり、彼女は、そうした特性を備えた身体の保持者であるというだけで、大きな価値の実現可能性を示すことになる。それは、私たち人間世界が、人間身体という概念に対して先に述べた①から⑤までの意味体系を共有しており、その共有の地平上で、一人の女性個体が、これらの意味体系の高度な統合を体現する存在として、つまり一つの「力」として私たちの前にあらわれたということにほかならない。

優しい性格と知的であることとは、身体という「外面」に関係がなく、心や頭、すなわち「内面」の問題であると反論する人がいるかもしれない。しかし、誤解しないでいただきたいのだが、人間の身体（性）とは、単にフィジカルな肉体を意味するのではない。肉体を媒介としつつ、その個体がもつ人間的特性のすべてが「表現」として成立した事態そのものを指すのである。あなたは、この女性が優しい性格の持ち主であることや高い知性の持ち主であることを何によってそう判断するのか、と問うてみよう。それは、彼女の立ち居振る舞い、言動によってであると答えるほかはない。では立ち居振る舞いや言動とは何か。それこそは、「身体（性）の表出」でなくて何であろう。


†なぜ「心」や「精神」や「魂」に実在感を感じるのか

もちろん私たちは普通、目に見え、耳に聞こえ、肌で感じられる「身体（性）の表出」の背後に、フィジカルな肉体とは相対的に区別された「内面」の存在、すなわち心や頭や精神や魂なるものを想定する。そしてこのことには侮れないある一定の根拠がある。

現代の一部の思想家たちは、「精神」や「心」の実体的存在を信じて疑わない古典的な考え方を批判するのに急で、すべては表層の差異に他ならないとか、個人の「内面」は近代になって歴史的に作られたフィクションにすぎないといった発想を好んで取りたがる。しかし私は、これは、行き過ぎであり、一種の反動現象だと考えている。たしかに、近代社会が成熟すればするほど、個人の自由な欲望や固有の感情や自立した意識は、共同体の意志からは別個のものとして存在するという観念は強化され、より説得力をもつようになった。そうした推移に比重をかけてものを見れば、個の内面という概念が歴史的産物であるという考え方は誤りではない。しかしだからといって、近代以前には「内面」などはなかったとか、「精神の自由」とは単なるフィクションなのだから、概念として立てる意味がないなどと考えるとすれば、それは極端に走ったものというべきである。

こうした発想が知の前衛であると一部で見なされながら、それにもかかわらず、なぜ、「心と身体」「精神と物質」「内面と外面」といった二元論的な考えが、かくも根強く生き残るのか。この問いに明確な解答が与えられないかぎり、ただ一方の存在をムキになって否定しても、思想は成熟しないのである。そして、この問いは、繰り返すように、いまだ解かれていない哲学上の最難問といっても過言ではないのだ。

さしあたりここでは、二つのことをいっておきたい。

第一点は、前にも述べたとおり、「心」とか「精神」とかは、物理的な実体との間で物理的なかたちで接触しあうような実体的な概念ではなく、人間が営むはたらきや運動や作用や態勢そのものに与えられた名辞なのである。名辞というものはいったん与えられると、とかく実体的なものとして扱われがちであって、それは、言葉というものの本質的な限界に起因している。だから私たちは、「心」とか「精神」について何ごとかを言おうとするときには、この「言葉というものの限界」をよくよく肝に銘じて、なるべく物理的な実体として扱わないような繊細な手つきが必要なのである（なおまた、ここから、ではいったい言葉とは何かという難問が発生するが、この本ではそれは扱わない。この問いにもまた、いずれ取り組むつもりである）。

しかし一方、私たちが、永い人類の生活史のなかで、「心」や「精神」や「魂」という言葉にある強い実在感を感じ続けてきたこともまた、なんびとも否定できない事実である。だから思想や哲学にとって重要な課題とは、これらの言葉が、なぜ人々の間で広く通用するのか、その動機と根拠を問うことであって、その存在を実体として絶対的に肯定したり、逆に、新しがって闇雲に否定してみせたりすることではない。そしてこの課題をきちんと果たすためには、私たちがこれらの言葉を日常的に使用するその実態に即して、それ（心や精神や魂と呼ばれているところのもの）がいかなるあり方としてあるかを正確に記述しなくてはならないのである。ちょうどハイデガーが、『存在と時間』において、「ある」とは何か、とりわけ、人間が「ある」とはいかなる仕方であるのかという問いを立てて、それに執拗に答えようとしたように。

いっておきたい第二点は、いま述べたことと密接に関連するのだが、私たちが、ある身体(性)の表出の背後に「心」や「精神」や「魂」の存在を想定せざるを得ないのは、おそらく次の二つの理由によっているということである。

一つは、私たちは、自分自身が何かの行動や身体表現を取るときに、このようにもできるがそうしないことも可能だとか、あるいは、あのときはそうするしかなかったが、後から考えればそうしないほうがよかったかもしれないとか、本当に言いたいこと、したいこととは何か別の言動をしてしまった気がするといったふうに、一種の「意思の自由」、つまり実際に表出された行動や身体表現と、意識との間の時間的な「ずれ」をたえず実感するからである。

そしてもう一つの理由は、私たち人間が、同類としての共感の世界を前提として持ちながらも、生活経験のなかで、しばしば「通じ合えない」という事態に出くわすからである。「あいつは動かないし黙っているので、何を考えているかわからない」とか、「あいつの態度はどうしてもおれと相容れない」とか、「好みの違いだからどうしようもない」といった抵抗の感覚は、他者の「精神の自由」を逆説的な仕方で認めている一つの証拠なのである(私たちは、石が動かないときには、こうした感じ方をしない)。もしこの抵抗の感覚がまったくなければ――そういうことはありえないのだが――、人は常に他者と一〇〇パーセント通じ合うことになり、そうなれば、個体に宿る精神の自由も、欲望や関心の独自性もへちまもないことになる。

つまり、一つは、自分自身が外に現れた言動と意識との間に「ずれ」を感じ取るということ、もう一つは、他者との間に互いにわからないとか相容れないという思いを抱くこと、この二つの経験的な実態からして、身体の背後に、何かしら物理的実在としての個体を超越した心や精神や魂といったもののはたらきを想定すべき権利が保障されるのだ。

しかし、急いで付け加えておきたいのだが、この個人精神の自由とか固有性が身体の背後に感じられるという経験的事実は、じつは、それ自体が、もう一回り大きく、人間の意識のあり方の共通性として括られる事態であるということを確認しておく必要がある。言い換えると、私たちはなぜか、個人精神が自由で固有なものであることそのものが人間にとって普遍的で客観的な事態であることを、その生活行動において無意識によくわきまえているのである。「あいつは何を考えているのかわからない」という抵抗の感覚は、人間がみな同じように個体性を超えた「意識」「精神」「心」をはたらかせているという事実に対する承認を前提としたところでのみ成り立つ。この、「人間はみなかくかくである」という「相互了解」の構造、「わかり」の構造がなければ、そもそも私たちはいっさいの社会生活が不可能になるのだ。

†「心」は個別的であると同時に共感世界に開かれている

たとえば、「世界のすべては私だけの意識と感覚で捉えられる観念にすぎない。私が死ねば世界は消える。世界とはすなわち私の主観だ」という独我論的な考え方が根強く存在する。たしかにこれは、意識というものの一側面である「自分の身体にだけつきまとう閉じられた性格」からして一定の根拠をもっている。しかし、むしろ重要なのは、この哲学的観点を取るやいなや、だれもがそのように感じることができるという不思議な事実である。私たちのだれかが、この独我論を言表すると、「おれもそう思う、私もそう感じる」という賛同者が必ず現れるというそのこと、この奇妙な矛盾が何を語っているかに注目すべきなのだ。

要するに、形而上学的な独我論は、じつは、人間的意識のあり方の半面しかいい当てていないのである。この独我論への固執が結局のところだめなのは、次の事実を明瞭に自覚していない点である。その事実とは、「私の知覚や感情や意識」の絶対的な特権性[*5]を、言葉という社会的道具によって（他にどんな方法があろう！）主張すること自体が、人間全体の共

＊5　それだけが世界を構成する唯一の疑い得ない基盤であるという確信、つまりデカルトの「コギト」。

感世界を前提としており、共感世界への訴えになっているという事実である（独我論哲学を著作として発表しようとする哲学者の動機を考えよ）。

このように、独我論がそもそも「論」として成り立つこと、独我論的な感じ方が公共的な承認を得る可能性をもっているということそのものが、人間の意識の他の一側面を証拠立てている。すなわち、人間の意識はただ単に個別的な身体のなかに閉じられて存在しているのではなく、常に個別の身体を超越し、身体から開かれた人間共通の地平を保持しているのだ。

こうして、人間の意識、または精神、心、魂、感情、情緒などは、個別の身体にだけつきまとうという制約のうちにありながらも、同時に必ず、人間共通の共感世界に向かって開かれているという両義的な特性を持っている。そして意識がそのように開かれてあるのは、そもそも人間の身体それ自体が、そうした二面性を備えていることと正確に対応しているのである。というのも、先に規定したように、意識とは、身体を対象とし、身体にかかわる、身体についての「はたらき」に他ならないからであり、そうである以上、意識のはたらきそのものも、身体のあり方に寄り添って作動せざるを得ないからだ。

人間の身体は、たとえまったくの孤立した状態におかれてあるときにも、「他者に向かう表現的・関係的な志向性をもつ」という宿命をけっして免れない。だれか特定の人がそこに「あらわれる」というだけで、たちまち私たちの意識や心が、だれもいないときとは違った気分に見舞われ、それがだれであるかに見合ったざわめきの態勢をとるのはそのためである。

†人間身体の特性にもとづく二つの局面

さて、意識や精神や心のこの両義的本質——自分固有のものでありつつ、そのことによってかえって他者と共通の地平をもつ——は、先に述べたように、人間身体の特性にもとづく二つの局面を抱えることになる。一つは、個別的・エロス的な関係の領域であり、もう一つは、一般的・社会的な関係の領域である。前者を担うのは、主として情緒的な関係様式であり、後者を担うのは、主として理性的な関係様式である。また言語は、両方の関係様式にまたがって、その当の諸関係の創造や維持や破壊を営む機能をもつ。

ここでも断らなくてはならないが、エロス的な関係の領域と社会的な関係の領域という二大区分は、人間世界を構造として理解するための便宜的な理論仮説である。両者は現実生活において截然《せつぜん》と分かたれるわけではなく、ある人間どうしの関係の実現や持続や解体のなかで、相互に混じり合い交差してあらわれる。

たとえば後に述べるように(第七問)、家族という関係世界は、一つのエロス的な関係が結婚という社会的承認の手続きを経て、この地上に継続的な場所を得たものだが、この家族において、夫婦二人だけの性愛的なつながりか、または親子二人だけの情愛的なつながりか、どちらかだけに視点をあわせているかぎり、それらはそれぞれエロス的な関係の側面だけを濃厚にもつといってよい。しかし、夫婦のつながりと親子のつながりの交錯の場所として総合的に家族を捉えることになれば、そこには、同時に社会的な関係の側面も姿を現すことになる。

家族とは、もともと、男女の性愛という「横」の結びつきが時間的に展開することによって、そこに「縦」の結びつきとしての親子の情愛関係が生じ、そうした横の関係と縦の関係とを核として、一定の共同体的なまとまりを獲得した集団である（子どものいない夫婦も、夫婦であるというだけで縦の情愛関係の可能性を潜在的にはらむといってよい）。したがって、一般に家族においては、二つあるいはそれ以上のエロス的関係が同一の生活空間で営まれることを通して、そこに必然的に、一つの「社会的関係」が要請されてくることになる。家族生活の内部においても、「役割」や「理性」や「政治」が必要とされるゆえんである。

またたとえば、逆に、企業社会におけるような契約的な人間関係においても、その「社会性」や「公共性」の部分だけが純粋に貫かれるということはあり得ず、職場の同僚、上司と部下、仕事の得意先といった個々の人間どうしのつきあいにおいて、エロス的なつながりが芽生えたり、発展したり、壊れたりということは大いにあり得る（職場恋愛、同僚間の友情、先輩後輩の信頼関係、また相互の憎悪や嫌悪の蓄積など）。

こうして、人間の世界は、個別の身体が互いにかかわりあい、それに付き添う意識や精神や心の両義的特質（固有性をもつと同時に本質的に他へ向かって開かれている）にもとづいた作用がはたらきあうことによって、情緒と情緒の共有感覚や齟齬感覚、またそれを調整しようとする理性の試みなどが絶えず重なり合って、一大絵巻の観を呈する。

†情緒とは何か

ところで、この一大絵巻を動かす力学は、たいへんやっかいな仕組みになっている。個人の情緒は、他者との共感としてはたらくようにもともとできあがっているが、それは、情緒というものの本性上、その力の及ぶ範囲がきわめてかぎられている。

情緒の本性とは何かということは、いまだつきつめられていない哲学上の問題[*6]だが、ここではとりあえず、次のようにおさえておきたい。

「情緒」とは、身体の内外に起こる事象が直接的に主体の意識表現となったものであり、この身体の主人である「私」と、私自身の身体をも含む周囲世界との「開かれ」が、主体

＊6　ヨーロッパ形而上学は、情緒に対して昔から強い関心を寄せてきたが、その関心の基本線は、あくまで快楽や情緒の激しさをいかに手なずけ、理性の統制の下におくかというところにあった。そのため人間を構成する要因として最も重要な意味をもつはずの「情緒」を本質論的に考察する視点がおろそかにされてきたきらいがあった。

それ自身の問題として実現している事態を指す。「情緒」が「知覚」と異なる点は、知覚が「私」にとってあくまで世界を「私」とは区別された客体的な何かとして表象するかたちを取るのに対して、情緒の場合は、世界を「私」自身の状態として引きつけ把握するかたちを取る点に求められる。

もちろん、知覚が世界を「私」とは区別された客体的な何かとして表象するという場合、この「知覚」のなかには、自分自身の身体内部の事象、つまりいわゆる臓器的なできごとに対する感覚も含まれている。たとえば「空腹感」は、「腹がぐーぐー鳴っている」状態として感知されるかぎりは「知覚」あるいは「感覚」にほかならないが、同時にそれが「私」にとっての主体的な問題、すなわち「苦痛」として把握されるかぎりにおいて「情緒」である。

この事情は、身体外の事象においてもじつは同じである。たとえば目の前に生けられた水仙の花は、「私」がその形状や色をあるがままに把握しているかぎりにおいて「知覚」であるが、同時にその水仙を「私」にとって主体の問題として、すなわち、その美しさがそこにあることによって何となく気分が安らぐというようにとらえているかぎりにおいて「情緒」である。このように、ある対象や事象にかかわる知覚と情緒とは、本来不可分一体のものとして「私」に与えられるが、「私」にとっての主体的な問題として引きつけられるその度合いによって、相対的に区別されるのである。

もともと「私」と世界との関係は、「知覚－情緒」の不可分の結合状態として、つまり「私と世界との開かれ」としてある。この「知覚－情緒」の不可分の結合状態である「私と世界との開かれ」を、客体的な側面に沿って抽象したとき、それは「知覚」としてとらえられ、主体的な側面に沿って抽象したとき、それは「情緒」としてとらえられるのである。音楽を聴いて感動するとか、今日は空に雲が厚く覆い被さっているので何となく気分も晴れないといった場合を想定すれば、このことがいっそうよく納得されよう。＊7

なお、ここで「情緒」という場合、その概念をあたうかぎり広く取っている。それは、情動、情念、感情、漠然とした気分などといった概念をすべて含んでいる。激しく怒り狂って相手に挑みかかっていくような場合から、まったく平穏に休らった気分状態、さらに、睡眠中の状態までも含めて、人は常にある「情緒」の状態に染め上げられている。情緒とは、「私」が世界と交流する最も直接的なあり方だからである。

†情緒による「相互同化作用」と「相互異化作用」

このように、情緒は、「私」という固有で唯一絶対の主観が、世界との開かれをどのよう

＊7　たとえば、短歌における景物に託した抒情表現は、この、「私」と世界との関係が「知覚－情緒」の不可分の結合態としてあるという事実に対して、きわめて鋭敏な感度を示している。

に経験しているかを示す、そのつどの直接的な「意識表現」なので、それがどのような具体的な質のものであるかによって、共感の範囲が限定される。「意識表現」ということは、必ずしも他者の身体への発信だけを意味するのではなく、自分自身の身体の状態を内的な意識として実現させた状態をも含んでいる。人間は、装い、演じ、隠すことができるので、身体外的な表出が抑制されるかぎり、他人から見て、ある身体像がその背後にどんな情緒表現をともなわせているかがわからないという余地を常に残している。

また、この「意識表現」が、主体にとって常にその由来が自覚的に対象化されたものとして実現されているということも必ずしもあり得ない。たとえば、なぜ自分がこんな不安な気持ちになるのかわからないといったことを私たちはしばしば経験する。フロイトが、神経症患者の無意識の拘束に目をつけ、そこから、人間一般の心的モデルを構想しようと試みたゆえんである。*8

また、ある情緒の共有の可能性は、身体の距離の近さ、生活史の共有時間の長さ、生活を共有するに至った機縁の深さ、などによって条件づけられる。たとえば、幼いころ一緒に遊んだ相手との間には、互いに会わない期間が長ければ長いほど、出会ったときに「懐かしさ」という情緒を深く共有できる。また、好きになった者どうしは、お互いが飽きてしまわないかぎり、「恋愛感情」を共有できる。さらに、概して自分の子どもは、その美質や能力のいかんにかかわらず、他人の子どもよりもはるかに可愛いものである。またたとえば、ある文化圏で育った者にとっては、ある音楽がたとえようもなく美しいものと感じられるが、他の文化圏の人にはなかなかその感動が共有されない、等々。

そこで次のようなことが起きる。ある機縁によって情緒を深く共有する者どうしは、集団としてまとまり、その価値観や行動様式や文化様式の同質性を作りあげることになるが、そのことによって逆に、機縁を持たない他者たちとの間に排他的な異質性を作りあげやすい。これは、私たちが小さな生活圏で経験する赤の他人どうしの「よそよそしさ」に始まって、宗教や民族や言語を異にする人々の間の理解の困難さや敵対意識に至るまで、じつにさまざまなレベルにおいて、さまざまな仕方で観察される事実である。そして最悪の場合、これは大量殺戮としてあらわれる。

また、人間の世界には、次のような逆説的なことも起きる。情緒の共有が深すぎて、あまりに当たり前になった関係では、何かほんの小さなきっかけからさえも、お互いが嫌悪しあ

＊8　なお、「無意識」に関するフロイトの仮説と分析は、方法論上の強引さや荒唐無稽な部分も含むかなりあやういものだが、その基本的な問題意識は間違っていなかった。それは、人間の「情緒」という特別のあり方に対して的を絞って根源的に考察しようとした最初の創造的な試みとしては高く評価されるべきである（フロイトに対する批判に関しては、前掲書『無意識はどこにあるのか』参照）。

ったり、争い合うということになりがちである。「夫婦げんかは犬も食わない」という言葉があるように、夫婦の争いは、生活の共有の深さがあればこそ生まれる現象で、他人がみだりに介入すべきではないと考えられている。また、親子や兄弟の間の確執も、他人が見ればつまらぬとしか思えないことをめぐって繰り広げられることが多いが、当人たちにしてみれば、そこから自由に脱却するのがきわめてむずかしく、鳥もちのようにくっついてきてなかなかもぎはなしえない切実さをはらんでいる。さらに、男女間、「隣人」間の嫉妬という感情を超克することはまことに困難である。これらはみな、情緒的な距離が近すぎるために、「異なる自立的な個人」という理性のフィクションをうまく作用させることができないところに発生する問題である。この場合も、高じれば殺し合いに発展する。

人と人とは、互いに個体としてばらばらでありつつ、しかしそのこと自体を解決すべき「主題」として感じ取り、それぞれが宿す観念を媒介としながら、たえず自己自身を超えて共感と交流の世界をかたち作ろうとする。しかしそれはなかなかうまくいかず、それぞれの自己拡張が引き起こす摩擦や葛藤に帰着し、大きな失敗、小さな失敗を何度でも繰り返す。

以上のような「やっかいな人間模様」は、人間という種の本質的な特性、ことに、情緒をはたらかせる存在としてのありようが引き起こす「相互同化作用」（わかりあえる仲間として互いに振る舞おうとすること）と「相互異化作用」（あいつたちとおれたちは違う存在であるとして境界を引こうとすること）との矛盾に起因している。

儒教では、「君子の交わりは淡きこと水の如し」といって、ここらあたりを切り抜ける知恵を教えているが、人間の情緒の特性に思いをいたすかぎり、「君子」たることはまことに至難の業というべきであろう。また、仏教は「愛」という情念のあり方そのものに否定的で、早く煩悩を去ってこの世への執着から自由になれと勧める。しかし、私たちは、煩悩（情緒の葛藤）に満ちた現世以外に世界などあり得ないことをどこかで知っているので、そう簡単に執着から自由な「ユートピア」をイメージすることなどできないのである。もともとユートピアとは、「どこにもない世界」という意味である。

†思想とは人間のやっかいさを解明する営みである

ここまできてようやく、思想とは何か、倫理とは何かというはじめの問いに戻る地点に帰着したと思われる。

ここでは「思想」という概念をかなり狭義のものに限定して定義する。思想とは、人間世界の成り立ちを、そのやっかいな事情を挙げて繰り込みつつ、言葉によって解きほぐそうとする試みである。それは、人々の生が現に存在し、その生が、やっかいな情緒の構造を抱えているかぎり、必然的に立ち上がる。

いうまでもなく人間は、衣食住を確保しなくてはならないという生存の必要に駆り立てられている。もちろんその問題を克服する必要のためだけでも、思想が編み出される必然性があるが、「人はパンのみにて生くるものにあらず」という聖書の言葉があるように、個体として食べることに満足したとしても、思想が編み出されるべき必然性は残る。なぜなら、人間は、単なる満腹した個体の群れとして終わるわけではなく、個体として自由な意識や精神を宿しつつ、しかもその意識や精神が個体超越的であるという二重性から逃れられないために、必ず何らかの共同体的なまとまりを作り、そのことによってまた新たなやっかいさ、生きにくさ、困難を生み出してしまう存在だからである。思想は、その本質的な志向性から生じるさまざまなやっかいさ、生きにくさ、困難をそのつど言葉によって解きほぐし、超克の方向性を指し示すために存在する。

たとえば、「所詮、この世は色と欲」という、一見身も蓋《ふた》もない言葉があるが、これも、一つの強力な思想であるには違いない。そこにはひとまず人間の逃れられない現実（人性）を簡潔におさえた「見極め」が感じられるからだ。「見極め」は、それがどんなにペシミスティックな、またシニカルなニュアンスに彩られていようと、それはそれで必要である。「見極め」は絶望の表明ではない。むしろ思想が人々に納得を与えるに充分な成熟を示すために、一度は踏まなくてはならない手続きであり、ステップなのだ。

また私たちは、よく先人の知恵に立ち帰れという。もちろん、すぐれた先人たちが、彼らの生きた時代や社会のなかで、悪戦苦闘しつつ編み出した言葉は、私たちにとって計り知れない意義を持っている。人間の生は、死と労働と愛と権力という四つの課題を抱えており、このことは、時代や社会を超えた普遍的な事実だからである。しかし一方、私たちの生が、その枠組みの更新をたえず行っており、その更新された新たな状況のなかで、これらの普遍的な課題に再び直面し、新しい状況に適応したかたちでその問い直しを行う必要に迫られていることも事実である。先人たちの思想的遺産もまた、超えられるためにある。

現在および未来を生きる私たちにとって、よりよき生とは何なのか。ソクラテス－プラトンが追究したように、そもそも「よりよき」というときの「よい」とは、いったいどういう概念なのか——こうしたことを、私たち自身がこの現世において突き当たっている現実的な問題の解明を通して考え抜こうとするのが、思想の営みである。それは、自由なる存在としての人間に永久的かつ宿命的に与えられた「観念の運動」なのである。

†倫理と道徳の関係

では、倫理とは何だろうか。すでにいま述べたことのなかにその答えの契機は含まれているが、倫理とは、人間の生が含む「やっかいさ」を踏まえたうえで、それに対して、このように克服すればよいというかたちで応えようとする観念の営みである。

ここで、「倫理」と「道徳」とを区別して考えておかなくてはならない。両者はしばしば、ほとんど同義語のように解釈され使用されているが、立ち入って考えれば、そこにはそれぞれの概念の核心に微妙な相違が見られる。また、そういう相違をしっかり確認しておくことが重要に思われる。

倫理とは、単なる固定化した規則や規範ではなく、「私および私たちはどうあるべきか」という問いを立て、その問いに「かくあるべし」という最も基本的な定言をもって応えようとする不断の試みのことである。したがってそれは、抽象的で普遍的であり、どの秩序ある共同社会にも、その秩序を作りあげ維持するための最も基本的な精神の動力として共通に存在する。これに対して、道徳もまた、どの社会にも存在するが、そのあり方は、時代や社会によってまことにさまざまである。

倫理は、人間が互いの共存・共生をめがけるときに、「これではまずい、何とかしなければ」と感ずる精神の基本的な志向性の一つである(ただし、第一次的、生得的な志向性とはいえない――詳しくは拙著『なぜ人を』第四問参照)。これに対して、道徳は、伝統や慣習や権力によって、特定の共同体に具体的に根づいたものを指す。倫理は、「モラル」と呼ばれるもののいわば「動態」的な面、はたらきとしての面を意味するが、道徳は、いわば「静態」的な面、実体としての面を表す。フッサール現象学の「意識」モデルを比喩としてここに借用してくるなら、倫理はノエシス的な面を代表し、道徳はノエマ的な面を代表するといってもよいだろう。

したがって、道徳のあり方は、常に相対的であり、時代や社会によって多様なかたちを取る。たとえば、女性はブルカをかぶらなければならないという規則や、女性は結婚までは処女であるべきだという観念は、それ自体としては特定の共同体のなかで培われた「道徳」感情に基礎づけられて成立したものだが、こうした「道徳」の個々の徳目は、まさにそれが特定の共同体のなかで培われたという理由によって、社会が変動すれば、いくらでもかなぐり捨てられることが可能である。しかし、そうした特定の道徳観念が果たして適切なものであるかどうかという問いかけの行為自体は、普遍的、恒久的であって、この問いかけの行為を促している精神のはたらきこそが「倫理」なのである。

たとえば「人を殺してはならない」という、一見どこの世界にも見られる普遍的な道徳律と思えるものも、倫理的な志向性そのものによって相対化されることが可能であるし、現に相対化されてきた。自分の命が危険にさらされたときや、民衆を苦しめる王権を覆すとき、共同体の成員の安全を守るために共通の敵を倒すとき、また国家によって死刑が執行されるときのように、「この条件下では、むしろ殺したほうがよい（倫理にかなう）」という判断が下される場合がそれである。そしてこれらの判断が正しいものであるかどうか、そのこと自体を問い続けるのも、「倫理」の役割なのである。

人間の生にとって、死や労働や愛や権力が問題であるかぎり、思想や倫理の営みはなくならない。それらは、人間が人間自身に向かって投げかける自己了解の試みであり、人間そのものを言葉によって「よりよき存在」に不断に再編成しようとする行為である。それらは、言葉というものの本質的な制約のために、どうしても迂遠な道筋を通らなければならなかったり、ときには途方もない誤謬の道に迷い込んだりするが、同時にまた、言葉のもつ普遍化の力というポテンシャルを最大限に利用することによって、共同存在としての人間のあり方をより高めるための、唯一の方法なのである。

【第二問】人間にとって生死とは何か

†人間だけが「これからの生をどうするか」という関心を抱く

あなたが一番気になることは何か、と問われたら、あなたは何と答えるだろうか。

それは、時と場合によって異なるに違いない。「いま、さしあたり」一番気になることは、という問いならば、「恋人がほしい」とか、「家族の生活」とか、「試験に合格すること」とか、「仕事がどうもうまくいかない」とか、「ダイエット」とか、「語学を身につけて自分の世界を広げること」などと、いろいろな答え方があるだろう。しかし、これらの多様な欲望や関心を根底のところで基礎づけているのは、要するに、「これからどういう人生を送るか」という共通の問題ではないだろうか。

「これからどういう生を送るか」という関心（インタレスト）の抱き方は、人間に特有なものと思われる。第一問で述べたように、動物の意識のあり方がどうなっているかは観察による推定のかぎりを出ないのだが、にもかかわらず、犬や猿が、「私はこれからどういう犬（猿）生を送るか」といった関心（インタレスト）に縛られているとはどうしても思えない。

これは冗談のように聞こえるかもしれないが、じつは、人間のあり方を考えるにあたって、重要なポイントなのである。というのは、「自分のこれからの人生」という未知の領域をそれなりに視野に収め、そのこと自体を関心のテーマに据えるためには、ある特別な条件が必要だからである。その条件とは、自分の生が有限なものであり、だいたいあと何十年ぐらいで終わりを告げることを自明の前提として知っているということである。

このことを次のように言い換えてもいい。人間の意識は、幸か不幸か、「過去から未来への時間の無限性」という観念を手にしてしまっている。しかし他方では、それにもかかわらず、「個々の人間身体はその無限性の観念に重なり合わないあり方をしている」という事実にも否応なく気づかされる。この両者の事実への気づきから、人間は、「私もいつか遠からぬ将来に確実に死ぬ」という自覚を手に入れるのである。

前者の「時間の無限性」の観念をなぜ人間が手にしているかの理由は、必ずしも分明ではないが、ともかくこの事実は、先に述べた、人間意識の本質は「個体超越的である」点に求められるという記述と対応している（空間の無限性の観念も同じ）。

また後者の、人間身体の運命が無限性の観念と重なり合わないという事実にどうして気づくのかについても、その最終的な理由は究明できないが、この場合、そのきっかけとメカニズムは明らかである。人間の意識は、同類の他者が死んでゆく事実を例外なく目の当たりにすることによって、その事実を、やがて自分にも確実に訪れることとして引き寄せる能力特性をもっているのである。そしてここにもまた、「個体超越的である」という人間意識の本質があらわれている。この、他の身体に起こった事件（死）をわがこととして引き寄せる能力特性は、人間の生が本来、「共感的構造」をそなえていることを極限的に証拠立てるものである。

†時間の無限性を感じるのは人間意識の宿命である

時間というものが、自分がこの世界に登場する前からずっと続いており、自分の死後もずっと続くであろうというように観念されていること、このことは、人間の意識の宿命である。

近代哲学の雄、カントは、『純粋理性批判』のなかで、世界には始まりがあるとする考え（定立）と、世界には始まりはなく、無限にさかのぼりうるという考え（反定立）の両者を批判的に検討し、どちらの考えも背理法的な推論を押し進めると正しいことになるが、それによってどちらを正しいとして選んでよいかわからなくなってしまうことを証明して見せた。

そして、この「純粋理性の二律背反」は、人間理性が踏み越えてはならない限界を指し示したものとして有名である。彼はまた、神の存在を論理的に証明することが不可能なゆえんについても説いている。

ユダヤ教、キリスト教、イスラム教の文化圏では、この世界は神が創造した（つまり、そこに始まりがあった）という超越的な物語を原理として、自らの生の意味や目的をそれとの関係において規定しようとする。キリスト教文化圏のなかで精神を培い、自ら深い信仰者でもあったカントは、世界の創造者としての神を否定することはできなかったが、反面、近代人でもあった彼は、理論理性というもののもつ、歯止めなき無限への志向性の力を認めざるを得なかった。彼は、おそらく、理性の力が、放置されれば、いくらでも限界を超えて、ついに創造者の存在や世界の始まりそのものをも議題（疑問）に乗せてしまう事実におののいたのだ。

道徳を深く尊重したカントは、どこかで、「純粋理性」は世界の始まりや神について語ってはならないという危惧を感じたにちがいない。それで、「純粋理性」はただそれ本来の性向としてどこまでも自分をつきつめようとし、その結果、解決不能な二律背反にぶつかってしまうが、「神」や「自由」や「永遠」といったイデーは、「純粋理性」によってでなく、むしろ「実践理性」（＝道徳的な意志）の必然的な要請にもとづいてその存在を認められねばならないという地点に引き返したのである（実践理性の純粋理性に対する優位）。

この、カントの立つスタンスは、奇妙でありまた、非常に微妙である。そこには、キリスト教的な物語が、近代理性という鬼っ子によって崩されていく過渡的な光景がある。私の想像では、彼はキリスト教信仰者、道徳信奉者としての自分と、卓越した近代理性の持ち主としての自分との間に、埋めがたい分裂を意識していた。その分裂を、彼は純粋理性の限界を定める試みによって回避しようとしたのである。

後にヘーゲルやニーチェが、それぞれ違った仕方で、この問題の解決を図った。前者は、人間の理性的精神とは、具体的な歴史の進行を通して、より素朴なものから次第に発展し、完成に向かう過程にあるもの（つまり終局的には普遍的な地平に到達するはずのもの）であるととらえる発想を取った。この発想では、キリスト教が提供する「初めに世界の創造者がいた」という物語は、いまだ未完成の状態にある理性的意識が現実化したものということになる。ヘーゲルにとってその完成は、あくまで理想的な「国家共同体」というかたちで現実化されなくてはならないものであった。

また後者は、キリスト教的な神の物語およびキリスト教道徳は、この地上における生命力の弱いもののルサンチマンを観念的に満足させるために作られたものであって、そのことが暴かれた以上、いったん「神が死ぬ」ことはいずれ必定で、人々は「神の死」を直視しつつ、そこにあらわれるニヒリズムを超克すべき新しい人間像や価値観を自分たち自身の手によって創造しなくてはならないという発想を取った。この発想が生きるために、ニーチェにとっては、人間も含めたあらゆる生物種の生命的運動の根底に、「力への意志」が存在するという仮説が不可避であった。

彼らの考え方をどう評価するかは、しばらく措くとしよう。いま確認しておきたいのは次の点である。カントの苦闘にもかかわらず、私の考えでは、人間の時間意識が、時間は無限に続くものという観念を手にしてしまっており、それにもとづいて自分の生の有限性、制約性を承認している事実自体は、だれも否定し得ないように思える。

たとえば宇宙物理学で、「宇宙はビッグバンから始まった」といった理論がまことしやかに説かれている（最近、この説の立て役者、ホーキング博士は、この自説にも懐疑的であるらしいと聞いたが）。私は、この分野についてまったく暗いので、なぜこのような説が出てきたのか、その具体的な理論のプロセスについてはほとんど知らない。だが、「何々は何々から始まった」という文法それ自体に、私たちのもつ時間観念の原理的制約がすでに暗黙のうちに含まれていることに、なぜ人々（とくに自然科学者たち）は注目しようとしないのだろうか。

私はここでは、カントが「時間は、感性的な直観の純粋形式であり、現象一般が成り立つための先験的（いっさいの経験を超えた）条件である」としたことを、素直に肯定したい。時間とはいわば、すべての現象が現象として経験されるための「器」なのである。そしてその場合の時間とは、少なくとも人間にとっては、あくまで私たち自身の身体の限界を無限に超えて続くものとしてとらえられる時間である。したがって、「宇宙はビッグバンから始まった」というような物言いは、何かが何かから始まるという文法において、すでにこの「感性的直観の純粋形式」の枠内に素朴に収まるものでしかない。ビッグバンという「現象」は、現象であるかぎり、すでに時間という直観形式においてしか成立しないからである。だからこそ、「ではビッグバンの前はどうなっていたのだ」という反問がただちに可能なのである。

†人間は「不幸の意識」を逃れられない

問題は、私たち人間の、個々の身体と、その身体を座として成り立つはずの「意識」が個体超越的に無限に広がる可能性をもっていることとの「ずれ」と「矛盾」それ自体にある。たとえば、パスカルは、永遠の時間の流れのなかに偶然のように生を受け、そしてまた一瞬のうちに消え去ってしまう人間の運命の不条理にしきりにこだわった。このように、人間が、例外なくやがて来るべき自分の死や身近な他者の死の事実を知っていること、また、それに対して悲しみや恐怖や不安などを感ずることは、時間が過去から未来にわたって無限に続くものだという人間自身の時間観念の特性を前提としてはじめて成立するのである。

この時間観念（永遠性についての意識）を人間が手にしているからこそ、そしてまた、自ら手にしたその観念と、自分自身や身近な他者の近いうちの滅亡と解体に対する確信とが、自我のなかでうまく折り合わないという感覚があるからこそ、人は死に対して、不安や恐れや悲しみや未練などの「不幸の意識」を抱え込むのである。そしてこの「不幸の意識」のあり方は、人間が人間であるかぎり、けっして逃れることができない。

たとえば、宗教という共同観念の営みは、おしなべて、この「不幸の意識」に対して、ある物語を提供することによって慰めと救済をはかろうとする試みである。それらは、人知を超えた神の意志とか、来世とか、永遠の生命とか、魂の不滅とか、前世の因縁とか、煩悩からの解脱《げだつ》とか、阿弥陀様の慈悲といった観念によって、とりあえずこの「不幸の意識」を慰撫しようとする。それらは、人間意識の個体超越性と共感的構造とをそれぞれの仕方で教義のなかに取り込みつつ、いわばそれを、「個人の生の彼岸の存在」というフィクションとして組織化することによって、あくまで暫定的な解決策を講じてきたにすぎない。

すべての宗教（的観念）は、死やこの世における不幸なできごと、また生全体に対して意味や目的を見いだすことのむずかしさなどにともなう意識の分裂（不条理感）を無害化しようという動機から構想されている。しかしそれが基礎条件としているのは、あくまで、「この生」を歩み続ける人間の心身の現実的な本質としての「個体超越性」と「共感的構造」とを利用した、実存の彼岸からの生の意味づけに他ならない。あなたの生の意味や目的は、あなたの実存を超えた彼方にこそその主軸を置いている——そう宗教はいうのである。

むろん、それらは、実際に慰めと救済の機能を果たしてきたし、これからも一定の割合で果たし続けるであろうが、近代哲学や近代自然科学や文化学などの知の普及によって、これらの宗教物語は、かつてほどの説得力を持ち得なくなっていることもたしかである。だが、それなら、近代の哲学や自然科学や文化学の知見が、人間のこの「不幸な意識の分裂」に対して、宗教に代わる有効な救済物語を提供し得ているかといえば、それもはなはだおぼつかない。宗教物語を積極的に破壊することだけには大いに貢献したのだが。

†人間にとって「現在」は「由来」と「可能性」の出会いとしてある

私たちは、人間の生と死に関して、宗教が試みてきたような、「実存の彼岸から生を意味づける」方法とはまた違った発想を取らなくてはならない。

先に述べたように、人間は他の動物と違って、「私のこれからの人生をどうするか」ということに強い関心を寄せる生物である。そしてそれは、時間の無限性の意識を与えられつつ、しかも自分の生の有限性を深く自覚しているところから発する特性であった。自らの未来の生についての「節目」の意識こそが、「これからの人生をどうするか」という問いを発生させる条件の一つなのである。

ところで、自分の未来を具体的に構想しようとするこの志向性はまた、自分の過去に流れた時間を、一定の具体的な「由来」として、言い換えると、自らにとっての固有な「歴史」として構成する志向性によって支えられている。というのは、たとえいかに漠然としたかたちであれ、「自分はどんな存在であるか」という自己アイデンティティにかかわる問いを持たない者には、「これからの人生をこうしよう」という構想は生まれようがないからであり、「自分はどんな存在であるか」という問いへの答えを具体的に規定しているのは、これまで流れた自分の生の時間をどういう「由来」「歴史」として了解しているかという、その自己総括の力に他ならないからである。

人間は、単に刹那的な現在を、そのつど脈絡なく生きる存在ではない。人間にとって現在とは、一つの「構成された概念」である。人間は、自分の過去を一定の「由来」としてとりまとめつつ、それを条件として想定される可能的な自己をあらかじめ未来に向かって投げ入れ、その投げ入れた可能性としての自己を再び手元にフィードバックすることによって初めて「自分にとっての現在」を構成する。人間の「いま、ここに自分があること」についての意識は、このように、必ず過去からの「由来」と未来への「可能性」との相互浸透、相互交流の場としてかたちづくられている。ハイデガーはこの人間のあり方を、彼独特の用語を用いて、「投げられてある存在」と「自己自身に先立ってある存在」といういい方で特徴づけたのだった。

私は、人間にとっての「現在」が、常に「由来」と「可能性」との出会いの場として構成されるという事実を、『癒しとしての死の哲学』（王国社）という本の中で、次のような例によって説明した。

私の机の上にレンズの割れたメガネが置いてある。私は毎日それを目にするたびに、「あ、直してもらわなくてはならないのに、またメガネ屋に行くのを忘れてしまった」という思いをとっさに抱く。このとっさの思いを抱く私という「現在」において実現されているのは、次のことである。私は、メガネを割ってしまったので直してもらう必要を忘れないように目につきやすい場所に置いておいたという、私にとっての「由来」と、いつか遠からぬ将来私は必ずメガネ屋に行くだろう（行くべきだ）という、私にとっての「可能性」とを出会わせているのである。

この例にかぎらず、また、人と人との出会いの場合はいうに及ばず、およそ人間にとっての生の「現在」は、すべてこのように構成されている。あなたの身のまわりの品々は、どれもあなたにとって何らかの「由来」をもっているからこそ「そこに存在する」のだろうし、窓の外に見える風景も、まさにいまあなたがその風景を目にすることができるような、しかるべき位置に身体を置いたという「由来」と無縁ではあり得ない（もちろん、もっと深くその由来を遡行することもできる）。見知らぬ街に足を踏み入れる場合も、その「見知らぬ」という事実自体が、あなたのこれまでの生の「由来」と不可分の関係にある。また、一見空間的な状況と無関係なある想念があなたの頭をよぎる場合も、その想念には、あなたなりの「由来」があるに違いない。

だが同時に、それらの知覚や想念はまた、常に何らかの「可能性」の表現としても成立している。たとえばこの本を読んでいるあなたの目の前にいま、テレビや椅子やテーブルなどの家具が置かれてあること、あなたがそれらの品を知覚できているということは、それ自体が、あなたの生の「可能性」である。というのは、あなたは、それらの家具と自分との関係を直観的に把握することによって（知覚とはそういうことである）、自分のこれからの意志や行動を常に潜在的に方向づけているからである。それらの家具に取り囲まれていることで、あなたは平穏に本を読んでいられるという気分をこの先も維持できるのかもしれないし、テーブルの上のコーヒーポットが目に入ったことによって、そろそろ一休みするかという気分を誘発されるかもしれない。また、別れた恋人との思い出が不意にあなたの頭をよぎったとき、その想念は、単なる「由来」を語っているだけなのではなくて、「もうあの人には会えないのかしら」という、これからのあなたの生の「可能性」の表現でもある、等々。

このように、「いま、ここに私がいて、何かを知覚したり思ったりしている」ということは、それだけとして切り離されて成立するのではなくて、「由来」と「可能性」との不断の浸透と交流の場として成立するものでしかあり得ないのである。


†人間の意識は「不安」としてしかありえない

ここからまた、人間の生が、多かれ少なかれ、常に「不安」という情緒によって染め上げられている事情が説明される。

不安とは、さしあたり、意識のはたらきが特定の対象や意味や目的を志向したり、それらにうまく着地したりすることができずに、はたらきそれ自身に作用してしまう情緒の状態と規定できる。ところで「現在」というものが、過去からの「由来」と未来への「可能性」との不断の出会いの場として構成されるものであるかぎり、それは、何か特定の、固定した、たとえば「直線上の一点」のようなものではない。＊1「現在」とは、むしろたえず流動してやまない時の流れについての実感そのものである。したがって、**人間にとって「現在」とは、「不安であること」以外の何ものでもない。**

「現在」とは「不安であること」以外の何ものでもないというこの事実を、人間はみなどこかでわきまえており、自分の生における「現在」を何か具体的なもので満たす必要をいつも感じている。そこで彼は、「由来」と「可能性」とをうまく出会わせる試みにたえず自分を送り込もうとする。その試みによって、「いま、ここに自分があること」がそのつど着地点を見いだし、意味づけられるのである。

たとえばあなたがだれかと今度の週末に会おうと電話で約束するとき、あなたは一つの「企て」を行ったのだが、およそ何ごとかを「企てる」ということには、必ずその人にとってのある「由来」が必要条件として含まれている(電話の相手は自分の知人であり、彼と私とはいままで親しくつきあってきた、といったような)。「企てる」にはまた同時に、ある「可能性」が必要条件として含まれている(相手は、約束する必要を理解してくれるだろうとか、そのときまで二人とも元気に生きていて、しかも約束すべき時間と場所は二人の予定にとって適切であろうとかいったような)。この二つの必要条件が出会い、うまく結合することによって、とりあえず、この件に関する意識の不安はとりのぞかれ、「現在」は、ある「確定した過去」へと送り込まれたのである。

このように、人は、小さなことから大きなことまで、瞬間的なことから長期にわたることまで、「不安そのものである現在」を、「由来」と「可能性」との結合の企てを通して切り抜け、自分の意識のはたらきのある特定の志向性を、たえず一つの「確定した過去」として落ち着かせようとしている。いまの例でいえば、約束の成立に満足して、それを自分の手帳に記録するとき、約束の実現自体はまだ未来のことに属するが、「約束したという事実」は、あなたにとってすでに過去のものとなっているので、そのかぎりであなたの意識を、あくまで一時的にではあるが安定させるだろう。

しかしこうした結合の企てが何かの理由で挫折を重ねるとき、「不安そのものである現在」が心身の前面に露呈し、リアルな不安として感じられるようになる。病的な不安、あるいは鬱状態とは、どんな現実的な企てを行っても、「由来」と「可能性」との出会いを実現したという実感が得られないために、本来、身体の外や未来に向かうべき意識の志向作用が、対象や目的を喪失してただ空虚な「現在」のうちに空回りするようになった情緒の状態である。

だが、これは要するに程度問題であって、繰り返すように、もともと健全な状態においても、人間の意識は「不安」としてしかあり得ない本性をもっている。それは、「自己自身に

＊1　私たちは出来事の時間的推移について語るとき、他に方法がないので、「直線」という空間的な表象を比喩的に時間軸として用いる（例：年表）が、本来「時間それ自体」は表象不可能である。なぜなら「表象」とは空間という直観形式において把握されたもののことであり、時間は空間とは異なるもう一つの直観形式だからである。なお、この、時間を空間表象に転化して語ろうとする私たちの性癖の問題については、ベルクソンが『時間と自由』のなかで展開した議論が名高い。

先立ってある存在」として、未知や未遂をたえず手元に引き寄せることによって自分の現在を構成しようとする。したがって、「不安」は、それがうまく対象や目的に結びつくなら、むしろ自分の生を前に向かって展開させる基本的な動因であるといえるだろう。

†人間の生は有限性の自覚によって支えられる

いままで述べてきたように、人間の「現在」は、過去についての「由来」と未来についての「可能性」とに不断に浸透され色づけられたものとしてある。しかしこのことは、一人の人間にとっての時間感覚が、歴史年表で時の流れをたどるときのように、ただ連綿と過去から未来へつながった等価なものとして与えられていることを意味しない。まったく逆に、それは、ある具体的な節目と濃淡をもったものとして与えられている。

「由来」とは単なる過去という概念に一致するものではないし、また「可能性」とは単なる未来という概念に一致するものではない。なぜならば、繰り返すように、人間は時間の無限性の観念を背負ってはいるが、そのことによってかえって自分の人生を生誕から死にまで至る限定されたもの、そのかぎりでは「閉じられたもの」として意識せざるを得ないからである。つまり、人間の生は、未来の可能性の極限としての「死」（ハイデガーのいい方では、「自己自身の不可能性という可能性」）によって根源的に規定されてある。

ちなみにいえば、人間が自分の過去に流れた時間を一定の「由来」として総括できるのも、未来に対する有限性の自覚（いつか必ず自分が死ぬという知）によってこそ可能なことである。というのは、もし私たちが、この自覚を持たず、永遠に生きるとか、刹那刹那をただそのつど生きるという意識しか持っていなかったとしたら、何ヶ月も何年も何十年も前の過去を自分の現在にとって意味あるものとして意識的な記憶にとどめる何らの必然性も生まれないだろうからである。

だから、まだ物心がついていず、大人たちの庇護のもとにあり、刹那刹那を生きている幼児は、その生活経験の大半を忘れてしまうのである。『方法としての子ども』（ちくま学芸文庫）という本に書いたことだが、「忘れる」ということは、刹那刹那を生きる生物個体の意識にとってはごく自然なことである。生活経験は、生物個体が前向きに生きるそのつどの具体的な必要に応じて、さまざまな「忘れられ方」をとる。ある場合には身体的な機能のうちに取り込まれて習慣や性格傾向（くせ）として定着し（つまり経験そのものの意識的な記憶としては残らず）、ある場合には自分の生の関心（インタレスト）にかかわりのないものとして見捨てられる（つまり本当に忘れられる）。

したがって、フロイトが幼児期体験の忘却一般を、もっぱら「禁じられた性衝動の抑圧」というポジティヴな心理的要因に帰したのは、間違いである。そういうことがあり得るのは、神経症患者などの病的なメカニズムにあとから光を当てたときに部分的な条件としてだけ当てはまることであって、けっして普遍化できない。

とはいえ、衝撃的な経験事実（いわゆる心的外傷）を意識から放逐したり、自我にとって存在しなかったこととして解離させたりすること自体は、形式的には、生物個体の生きる必要という一般的な動機にかなったことである。ただ、その衝撃が幼い心身にあまりに無理な受け止めを強いた場合にかぎって、その一般的動機が、ゆがんだ、病的な心の構造化を形成する力としてはたらくにすぎない。

反対に——このほうが普通に見られることだが——、人間個体においては、楽しいことであれつらいことであれ、ある発達時点からの生活経験を、むしろ自分にとって衝撃的で感動的で意味があると感じられた場合にこそよく記憶するようになる。そして、この事実に着目するほうが、人間一般の特性を考えるにあたっては重要なのだ。

なぜ人は、ある時期からの生活経験をことこまかに記憶するようになるのか。ここには、単なる「優れた能力」とか「発達した脳皮質の機能」といった概念では説明し得ない問題が潜んでいる。こうした説明は、どこまで精密化したとしても、ただそういうふうになっていますと言っているのと変わらないからだ。

私の考えでは、人間の並はずれた記憶志向は、人間が自分の個体性を強く意識する存在である事実に起因している。

個体性を強く意識するとは、言い換えれば、人間がそれぞればらばらに生まれ、ときには共に生きるがときには別離を経験し、そして結局はばらばらに死んでいく事実を認識することと同じである。人間はこの認識を、自分の生にとって核心をなすものとして「主題化」する。主題化するとは、裏を返せば、その事実をそのままでは承認しがたいと感じているということでもあって、そこにはエロス的一体化の願望、あるいは共感への希求が潜在している。しかしこの願望や希求は、人生においては、きわめて初期の段階から何度も壁にぶつかり、多かれ少なかれ挫折せざるを得ない。そこで彼は必然的に、個体としての閉ざされた人生、他人と完全に合一するわけにはいかない自分固有の人生という観念をいっそう明確に作りあげる結果になる。そこから、自分の過去を一定の「由来」として記憶化する動機が発動する……。記憶とは、単なる「自然に与えられた能力」ではないし、ましてや「脳に貯蔵・蓄積された何か」などではない。それは、「自分のこれからの人生」を構想するための、たえざる能動的・実践的な営みに他ならない（英語では、rememberが動詞であることに注意しよう）。

記憶が「脳内の蓄積物」などではなく、たえざる実践作用であることは、ボケ老人のあり方を考えてみることによって、裏側から証明される。「ボケ」とは、「自分のこれからの人生」

を構想する動機を減退させたか、喪失した人の状態を指す。年老いて、先が短いことを悟らざるを得なくなり、他者とともに生きる欲求がしぼみ、自分がこの世界にこれからもエロス的、社会的存在としてある意味や必要を確認できなくなったとき、「ボケ」は急速に進行する。だから「ボケ」対策は、その人の存在理由が確認できるような人間関係、社会関係を環境として張りめぐらせることにつきるといってよい。

先に「物心がつく」という言葉——じつに的確な日本語だが——を用いたが、ちなみにいうと、ほとんどの幼児は、まさにこの「物心がつく」年齢である四歳から六歳ぐらいまでの間に、「人間はいつかは死ぬ」という認識を急速に育てるのである。

私には、幼児にとって、自分の身体的な欲求の満足という課題以外に周囲のいろいろなことが見え始め、その記憶化が可能になる事実と、死の認識（個体の生の有限性の自覚）を手にする事実とが同時期に重なって訪れることが、どうしても偶然の一致とは思えない。つまり、こうした精神発達のプロセスこそ、先に述べたように、自分の過去を、単なる年表的な過去としてではなく、常に現在および未来を生きるための条件として、すなわち「由来」として総括しようとする人間の志向性の前提を作っていると考えられるのである。

人間にとって生とは何か。それは全体としては、あらかじめ与えられたどんな超越的な意味も目的も持たない（拙著『なぜ人を』第一問参照）。しかし、**人間の生は、それ自身の有限**

性の自覚によって根源的に規定されてある。この有限性の自覚から、人は、常におのれの過去を節目のある「由来」として総括する動機を見いだし、同時に、常におのれの未来を節目のある「可能性」として引き寄せる発想を促される。そのようにして、人は、生の意味や目的を自ら作りあげていかなくてはならない要請を感じ取るのである。「これからの人生をどうするか」という問いと、その具体的な答えは、生の有限性の自覚によってこそ支えられ、また、その自覚をどう生かすかによって構想されるのである。

†人間にとって死とは何か

　では人間にとって死とは何か。それは、単なる生理体としての解体ではない。また逆に、「永遠の命」を得たり、「魂」が本来のふるさとに帰ることでもない（そうした「宗教的解釈」をなすことには、もちろん人間の情緒の本性に根ざす一定の動機が認められるが）。

死は、事実としては、たしかにハイデガーのいう通り、まったく個別的で他と没交渉で、だれもその代役を務めてやることのできない現象として当人に訪れる。しかし、ここでも先に独我論の限界を論じたときと同じことがいえる。この事実性としての死の理解の仕方は、人間の死という現象の半面の真実をしかいい当てていない。

その理由の第一。なぜ人は自ら死んだこともないのに、おしなべて、死がそういうまったく個別的で代役不可能な現象で、しかも人間としての「可能性」の終末であるということを知っているのか。人はどこから、死という概念を手に入れ、それについて、「個別的で代役不可能で、意識的なものとしては経験不能だ」とか、「いつか自分が死ぬことを考えるとても恐ろしくて不安になる」などと言表する資格を得てくるのか。

それは、他人の死を見聞することを通してという他はない。それなら、なぜ他人の死が、やがてそういうものとして自分にも確実に訪れてくるということを人は信じて疑わないのか。それは、人間に与えられた、独特の共感の能力によって、と答えるほかにすべがない。つまり、ここには、死がまったく自分たちにとって個別的で、意識経験として不可能な現象だという事実そのものを、自明の知識として互いに共有しあうという、人間精神の不思議な逆説が成立しているのだ。

理由の第二。なぜ人間だけが、他人の死を悲しみ、弔いの儀式を行うのか。それは、他の人間個体、とくに家族のように、生活を共にした身近な他の個体の死が、「他人事とは思えない」からである。なぜ「他人事とは思えない」のか。それもまた、ある個人の死という現象が、ただその個別の閉じられた身体や意識の解体を意味するだけではなく、生き残ったまわりの人々に大きな「意味」を与える現象だから、としか答えようがない。

いや、すでに第一問の項で述べたように、そもそも、人間の身体や意識は、単に個別に閉じられたものではなく、そういう側面をもちながらも、同時に他者に対して開かれた共同的なものという二重性を本質としているのだった。そして、他者の死がとりわけ人々の情緒的な動揺を誘うというこの事実こそ、人間が、共同的、関係的な存在でしかあり得ないことを、最も端的に示す証拠なのである。

人間の死とは、つまるところ、その人をめぐってこの現世において結ばれた共同関係の解体と変容なのである。ある個人の死は、その個人とかかわった人間に深い影響を及ぼすというだけでは充分ではない。個人の自我は、それだけ孤立して自存するものではなく、自我そのものが一つの「関係」にほかならないのだから、その自我の解体が、すなわちそのままある共同性の解体と変容を意味するのである。だからこそ生き残った人々は、その解体の「意味」をたどり直すべく重い情緒を表出するのだし、また解体と変容に見舞われた共同性を新たなかたちで再編すべく、弔いの儀式を執り行うのである。

ヘーゲルは、『精神現象学』のなかで、ソフォクレスの悲劇『アンティゴネー』の構図に託しつつ、死者をきちんと葬るところにこそ、家族の家族たるゆえんがあると強調した。死者は放置すれば鳥や獣などの単なる「自然の無意識」の餌食となり、愛と人倫の共同体の成員であったことの彼の人間的な意味は剥奪されてしまう。死者をきちんと葬る行為は、死者をそのような自然の猛威から奪い返し、彼に再び原本的な「人間」としての意味を返してやる行為であり、そこにこそ家族の使命がある。そうヘーゲルは言うのである。

†自然科学的死生観の欠陥

こうした「人間の死の共同的意味」を繰り込まない「死」論は、すべて片手落ちでしかない。たとえば、今日隆盛を極めている自然科学的な世界観は、人間の死を、地球環境における生態系のサイクルに還元して理解しようとする。人の肉体は死ねば微生物によって分解され、やがて土に帰って、再び植物などが生きていくための新しいエネルギー源となってゆく。この地球上にこうした生命連鎖や食物連鎖の秩序の存続があるかぎり、「私」の死は次の生命が育っていくことに貢献しているのであって、けっして無駄ではない、云々。まるで、こういう考え方をとれば、自分という個体の意識の消滅などにこだわって、いたずらに恐れたり、親しきものの死を嘆き悲しんだりすることは意味がないとでもいわんばかりである。

だが、これは、「魂の永遠」を説いてきた宗教よりも、もっと幼稚な「宗教」的死生観である。「魂の永遠」という物語の場合には、まだしも、人間精神の特質が個体超越的である事実と、彼が生きているかぎりは「意識」や「心」が身体の変化からは相対的に自由に持続する事実とに対する的を射た感覚が保存されている。しかるに、自然科学に名を借りた右のような死生観においては、これらの人間精神や意識の特質を無視するだけではなく、人間の生の意味を、「生物界」という、より超越的な抽象概念に還元することによって、それを「ありがたい神」としてあがめてしまっているのである。つまり自然科学が作り出したイデオロギーに見事にやられているのだ。

端的にいえば、これは個人主義（というよりも〝個体〟主義）の神である。個人（体）主義は、原理的に徹底させると、自己という存在が、係累や伝統や言語や習慣や家族やその他の人間関係、要するに「社会」を構成しているいくつもの中間項に媒介されて成り立っていることをいっさい否定するところまでいく。しかし、その徹底性によって「生の不条理感覚」が解消されるわけではない。そこでそれらのいくつもの中間項こそが自分をかたち作っている条件であるという重要な事実を無視したまま、一挙に観念的な「生物的自然」という概念に自己を託さざるを得ないのである。それはまるで、支柱をすべて取り払っておいて、そのうえで、架空の屋根にすがりつくようなものである。

豊かさと自由を実現した先進文明社会は、ものやサービスや情報のシステムを緻密に張りめぐらせているので、形而下的な生活という点では、個人がただ個人として生きていくのにきわめて生きやすい環境を作り出したといえる。だからそこに、感覚としての個人主義、わずらわしい集団のしきたりや雰囲気から自由に生きようとする個人主義が浸透するのは、ある意味で時代の必然である。そしてもちろん、それにはいい点も多々ある。

しかし、いくら主観的な感覚として個人主義を貫いたつもりになってみても、人とのかかわり合いを一切否定した人間の生などはそもそも概念としてあり得ない。現実には彼は、特定の家族のもとで生まれ育ち、性愛的な欲望と関心を抱いてエロスの共同関係を形成し、しかも自ら社会とかかわりつつ自分の物質的・精神的な生を養っていかざるを得ないのであるから、それだけで充分に共同存在なのである。

人間の死は、人間の生を、その有限性の自覚というかたちを通して、すみずみにわたって規定する。そしてその生とは、関係を生きることであるから、関係を生きる条件としての人間的要素、すなわち身体、情緒、言語、理性、倫理、社会経済システムなどは、かえって一人ひとりが自分の死についての意識を潜在的に保有していることによって支えられているのである。

【第三問】「本当の自分」なんてあるのか

†抽象的な「自分探し」はむなしい

いったい「本当の自分」はどこにあるのだろうか。最近、こうした問いにつかまってしまう人は老若男女を問わず多い。なぜこれほど「自分探し」がはやるのか。

すでにいろいろなところで書いてきたことだが、こうした問いが立ち上がるのは、近代文明社会に特有のことである。明日の食うものに事欠いていたり、横暴な権力によって奴隷的な処遇を強いられていたり、身分制の秩序が確固として機能したりしている社会においては、このような問いはあまり切実さをもたない。理由はいわずとも明らかであろう。「本当の自分」といったテーマが、切実な問いとして人々を襲うのは、ある程度「衣食足り」たうえで、「自分に合った人生をどのように設計していったらよいのか」という疑問をもち得るだけの人生選択の自由が社会構成のなかに許されていればこそである。

私は、『なぜ人を』第三問において、「私」とは何か、「自分」とは何かという問いを立て、それは哲学的、心理学的な面からは、時間性、他者関係性、身体性の三側面の統合されたものとして把握されるという理解を示しておいた。

「自分」とは、とりあえず抽象的な把握からは、「現在の生の経験を過去としてたえず後方に追いやることで自己自身から離脱し、その離脱した自己自身を過去帳のなかに書き加えながら固有の歴史を作っていく一つの運動様態である」と規定できる。

しかしこの抽象的な把握だけで「自分」をとらえ尽くしたことにはならず、一方で、「自分」が成り立つためには、それが、さまざまな複数の他者関係という磁場における作用反作用の「磁極」としてはたらかなくてはならない。磁極が磁極として成り立つためには、必ずその相手が必要である。あらかじめできあがった「自分」という個物が要素として集まって他者関係を作るのではなく、自分がかかわり合っているいくつもの具体的な他者関係の磁場における相互作用が交錯するところに、初めてリアルな「自分」(「自分」の属性、つまり「自分」という主語に対応する述語の部分)が像を結ぶのである。

そして、このような時間性の枠組みから把握される抽象的な「自分」(主語)と、他者関係性の枠組みから把握されるリアルな「自分」(述語)とを根底から結びあわせ、「自分」の概念の内包を実質的なものにするのが、個別的であると同時に共同的でもある「身体性」である。

このように哲学的、心理学的に把握された「自分」概念からは、いま現に生きている自分の具体的な様態を完全に捨象した地平に「本当の自分」を求める試みは、むなしいものとして否定される。しかしいま述べたように、「自分」とは、絶えざる自己超克、自己相対化の運動様態でもあるのだから、その「求め」の志向自体を否定することはできない。そこでこの「求め」は、その方向を、すでにある「自分」とはまったくかかわりのないあらぬ方に定めるのではなく、関係性、共同性としてある「自分」それ自身に向かって定めるのだと考えなくてはならない。それは、生をより豊かな充実したものとするために、現在の自分をめぐる関係性、共同性を揺り動かす営みとしてあらわれる――そう私は考えた。そして、いまある自分が抱えている多面的な関係を、「他者につきあっているだけの偽の自分」とか「本当の自分とは違ったただの仮面」と見なしてしまうことの誤りを指摘しておいた。

こう指摘したとしても、そのことによって、「本当の自分探し」というモチーフが、現代を生きる多くの人々の内面から消え去るわけではない。そこで、ここでは、少し視点を変えて、なぜこのようなモチーフが現代人の心を強く規定するのかという問いを、社会思想的な角度から見直してみたい。

†「本当の自分探し」は近代文明社会に共通した問いである

近代文明社会は、一八世紀ヨーロッパ市民社会が生んだ啓蒙思想あたりを出発点とする「対等な個人の自由・自立」を理念として掲げるところに成り立っているというのが、今日の常識である。そして実際に、この理念は、一部の社会や国家において、相当程度うまいかたちで実現されてきた。しかし、人間の社会を基礎づけている原理は、自然界のそれと違って、どの社会、いつの時代にあっても、人間自身によって編み出された一つの「フィクション」であることには変わりがない。フィクションであるかぎり、それは、実際の個々の人間の生活とはいつも何らかの折り合いのつかなさを抱えることになる。個性的な伝統や慣習の強固な社会に、人為的な理念を強引に当てはめようとしても、「古い革袋に新しい酒を盛る」結果になりかねないし、また、ある理念にもとづいて作られた社会のシステムが、時代の流れにしたがって、しだいに個々人の生の実態との間に矛盾や乖離を広げていくこともあり得る。

近代文明社会の「対等な個人の自由・自立」という理念が、私たちの具体的な生活にとって、どの程度の適合力をもっているか、また逆に、どのような無理をはらんでいるか、という問いは、ことに日本においては、「西欧文明の急速な輸入と消化によるひずみ」といった比較文明論的な問題構成の枠組みによって、これまでいやというほど論じられてきた。阿部謹也の「世間論」（日本にはもともと、西欧的な意味での「社会」などはなく、あるのは「世間」という独特の共同意識空間であるという趣旨）などがはやるのも、こうした問題構成の反復である。

ところで私自身はここで、こうした比較文明論的な問題構成のパターンを繰り返そうとは思わない。日本はともかくも日本なりのやり方で近代文明社会を成立させたのであり、その成熟度もすでに相当のところまで進んでいる（ある意味では、伝統を守ることに関心の強いヨーロッパ社会をも追い越している）。私は、その成熟のプロセス（見方によっては、伝統や慣習を無原則に見切ってしまったプロセス）のなかから、「本当の自分はどこにあるのか」といった問いが立ち上がってきていると判断するから、その意味では、この問いは、どの近代文明社会にも共通した問いであるという前提に立って考えてみたいのである。

†「自分探し」の問いは生き難さの無意識の表明である

そこで、まず、次のことをごくおおざっぱに押さえておこう。すなわち、この近代の理念は、どういう人間理解の仮説のうえに成り立っているか。またその人間理解は、それを携えて生きる私たちの社会の構造との間に、どういう必然的な対応関係を持っているか。また、その人間理解がもつ本質的な限界とは何か。

これらの問題を原則的に解き明かしておけば、「本当の自分はどこにあるのか」といった疑問が、近代文明社会の中核から、その社会そのものへの懐疑や不安の声として内在的に立ち上がる理由が納得できるはずである。というのは、この問いが、現に私たちが生きているこの近代文明社会に対する生き難さの無意識の表明になっていることもまた否定しがたいからだ。

わかりやすく箇条書きにしてみる。

①「対等な個人の自由・自立」という理念は、人間がみな、社会的な人格としては、自由な意思決定をなし得る理性的な個人であるという仮説のうえに成り立っている。

②この仮説は、市民社会における契約にもとづいた活動のように、いわゆる「赤の他人」どうしが出会ってルールを媒介とした関係を取り結ぶ場合には、きわめて有効な仮説である。というのは、近代社会は、王権や宗教的権威などの政治的実効性に対して、民主主義的な決定プロセスの政治的実効性を優位に立てる社会であり、そこにおいて、人間どうしの争いや摩擦を解決する手段として具体的に効力を示すのは、「法」にもとづいた政治権力の下す意思決定だからである。どの近代国家も敷いている「法の下での平等」という原則は、一人ひとりの個人が社会的な人格として「自由な意思決定をなし得る理性の持ち主」であるという

仮説と相互に支え合う関係にある。この側面では、「対等な個人の自由・自立」という理念が現実的に生かされなければ、現在の文明社会における秩序の基本的部分が混乱に陥ることは明らかであろう。

③この契約社会、法治社会の必要から生まれた人間理解は、資本主義の成熟という経済社会的要因と共に、なくてはならないものとして、ますますそのリアリティを大衆の間に浸透させてきた。財産の自由、職業選択の自由、言論の自由など、近代法が保障しているさまざまな自由権は、資本主義的活動が、社会へ向かっての諸個人の労働の投与とそれに正当に見合う報酬の享受という相互のやりとりによって支えられている事実との間に、不可分の連関をかたち作っている。

④しかし、人間の生や人間の関係は、契約社会や法治社会というフレームにおける活動にのみ収まるものではない。むしろ本来的には、人間はエロス的な関係の充実を求める存在である(これについては『なぜ人を』第四問の項参照)。たとえば恋愛関係、家族関係、友人関係などは、エロス的な関係が実現される場所だが、こうした身近な生活領域における人間の活動は、「自由な意思決定をなし得る理性的な個人」という人間理解の仮説を必ず逸脱する部分をもつ。というのは、それらの関係を動かす主たる動輪は、理性ではなく情緒だからである。情緒的な人間関係の本質は、利害得失やその公平な調整とは無関係に、相互に拘束し・拘束

されることそのもののうちに生の充実を見いだそうとするところにある。情緒という言葉を用いずに、別のいい方をしてもいい。恋愛関係、家族関係、友人関係などのように、エロス的な関係性が濃厚な対人関係の場所では、男と女、親と子、価値観や気質や言葉を共有しうる仲間というように、それぞれの個の具体的な「格」を媒介としてこそそのつながりが維持されるために、「抽象的な人間」どうしの関係としてはけっして把握できないやりとりが実現するのである。

⑤したがって、「対等な個人の自由・自立」という近代的な理念は、エロス的な関係の性格を濃厚にもつ関係空間においては、その無効性を露出させる場合がきわめて多いし、また、そこでは、この理念を絶対的な「正義」と考える必要もない。私たちの生活活動は、公的なものとして浮かび上がらないエロス的なつながりにおいて、実質的なやりとりが行われていることが多く、しかも、そうしたインプリシット（暗黙的）なやりとりのなかでは、「対等な個人の自由・自立」などという近代理念とは違った、伝統や習慣の力がある精神的態度や気風として強く機能している場合が多いのである。このことは、ひとり日本だけに限ったことではなく、こうした近代理念の発祥の地と見なされる西欧においても変わらないはずである。

†人間は「生まれながらに自由な個人」などではない

ところで人間はみな、親を中心とした大人たちの庇護と管理のもとで生い育ち、さまざまな人間関係を取り結びながら、しだいにこの社会の規範やからくりを体得して、「自立した個人」という属性や感覚を身につけていく。そのためには、「社会的に成長・成熟する」という関門をだれもがくぐり抜けなくてはならない。

昨今、人間は生まれながらに自由な個人であるという安易な「思いこみ」が流行しており、この安易な「思いこみ」が、過剰な人権主張としてあらわれたり、子どもの恣意的な欲望の表出を「個性的な能力」であるかのごとく錯覚しそれをそのままで肯定する教育観としてあらわれたり、責任を何でも他人や組織になすりつける依存心性を助長する傾向としてあらわれている。だが、これは、二重、三重の意味において「個人の自由・自立」という概念に対する誤解にもとづいている。

第一に、この「思いこみ」は、それが近代的な共同体の秩序を構成・維持するために案出されたフィクション（つまり、限定的なゾルレン）にすぎないことを自覚せず、あたかも「存在の真理」（普遍的なザイン）であるかのように受けとめられていること、第二に、「自由な個人」という人間把握は、あくまで完成した社会的人格（＝大人）が社会的（経済的・

政治的・法的）活動を行うときに適用されるべき原則であって、人間は別に「生まれながらに」自由な・自立した社会的人格の持ち主ではあり得ないこと、そして第三に、「自由な個人」という概念は、それだけとして抽象的に成り立つのではなく、その「自由」の概念のなかには、社会の側からそれを保障されるという手続きを通ることが避けられない前提として含まれており、その保障の手続きを獲得するためには、個人が、それと引き替えに社会共同体の一員としての義務と責任とを内在的に引き受けることを不可欠とすること。言い換えるなら、社会的人格としての「個人の自由」とは、自分が存立を許されている共同体の一般意志（その最高の明示的な表現は「法」である）を、個人の側が承認する意思を示す行為と一対をなすことにおいてはじめて成り立つ、すぐれて関係的な概念であること――「生まれながらに」の思いこみは、以上のような基本的なことをまったく理解していないのである。

要するに、いま述べたことをわかりやすく一言でいうなら、「個人の自由・自立」という理念が現実的に生きるのは、社会的な人格として成長を完成させた「大人」においてのみであるということである。「人は天賦の人権をもつ」とか「人は生まれながらに自由・平等である」とかいった観念が、ルソーやフランス革命の思想によって言挙げされたとき、その問題意識のベクトルは、新しく実力を蓄えてきた市民階級（ブルジョアジー）の利害にとって桎梏《しっこく》と感じられた古い王権や宗教的権威といかに闘うかというところに向けられていた。当時は、「では、子どももここでいう〈人〉の部類にはいるのか」などという問いをリアルなものとして立ち上げるような区別と連関のまなざし（問題意識）自体がそもそもなかったのである。そのかぎりで、子どもは「人」「個人」として認められてはいなかった。

そうした歴史的事情を見ずに、「生まれながらに」を文字通り「生まれながらに」と考えて、「子どもの人権」とか、「大人も子どもも人間として平等」などという観念を金科玉条のように振りかざす風潮が後を絶たないのは、まことに困ったものである。もちろん、現在の社会でも、こうした文脈で「人」とか「個人」という言葉を用いるときには、基本的に、完成された社会的人格としての「大人」を指すという限定が必要であって、法的・社会的な義務や責任能力を持たない「子ども」には、一人前の「個人の自由」などを認めるべきではない。

ことわらなくてはならないが、このことは、子どもを慈しんだり、その生命を大切に保護したりすることとは、少しも矛盾しない。子どもは、大人と同じ人権や自由の持ち主であるからその生命や身体や心を尊重されるべきなのではない。まったく逆に、そのようなものをまだもてない未熟で不自由な存在であり、やがてそのようなものをもつべき予定と可能性のうちにおかれているからこそ、私たち大人に「可愛い」という自然な慈しみの感情をもたらすのであり、だからこそ尊重されるべきなのである。

†過度な自由はむしろ重荷となる

さてしかし、近代社会が成熟し、多くの個人が「自由と豊かさ」を享受できるようになると、さまざまな要因から、そもそもどこまでを子どもとし、どこからを大人とするかが、きわめて曖昧なものになってきた。その要因については、拙著『「男」という不安』第2章（PHP新書）で詳説したので、ここでは繰り返さないが、要するに、この子どもと大人の境界の曖昧化という現象は、近代社会が「個人の自由と自立」という理念をまがりなりにも実現させたことを裏側から象徴する事実であって、それは、「個人の自由と自立」が当然背負い込まなくてはならない「つけ」のようなものである。

というのは、すべての個人が個人として自立して自由でなければならないという近代の理念は、前近代的な身分社会の拘束を否定するというモチーフと表裏一体であり、それは、かつて小さな生産共同体のなかでは自明なものと考えられていた、家業の受け継ぎや伝統的職能の伝授という制度的・規範的観念の解体を意味するからである。この制度的・規範的観念の解体によって、逆に「自分の生き方は自分で選ぶ」という観念が一般化し、まだ明確な「自分」が形成されていない年少者たちにも、この「自由の強制」の作用が暗黙のうちに及ぶようになった。その行き過ぎた例が、先ほど批判した「子どもの人権」や「子どもの個性」

などを生得的なものと見なして過剰に尊重する風潮である。

実際、「自分の生き方は自分で選ぶ」という観念は、私たちの社会では、強迫観念といえるほどに、当然のことと見なされている。現代では、ほとんどの親は、子どもに将来の職業選択についてできるだけ強制的な力を及ぼさないようにするし、明確な指示を与えることすらしようとしない。家業を継げ、などと一方的に決めつけることは、「個人の自由」を侵す悪いことと考えられている。思春期の子どもや青年期の若者が学校選択や職業選択に直面したとき、「最終的には自分が決めることだから」というのが、親たちや教師たちの決まり文句である。そもそも、「将来、君は何になりたい？」とか「君が本当にしたいことは何？」といった問いを、年端の行かない子どもにまで投げかける行為自体が、強固な身分制や伝統的職能の伝授という制度的観念を解体させた近代社会に特有の現象である。

これは、子どもや若者にとって、果たして幸福なことといえるだろうか？　一概に不幸なこととも幸福なこととも決定づけられないが、こうした「個人の自由」という観念の支配が、若者たちに、「何かにならなくてはならないことはわかっているが、その何かが何であるかがよくわからない」という未決定の不安を増大させていることはたしかである。というのも、「自分のしたいこと、なりたいもの」がはっきりわかっている子どもなどというのはもともとごくかぎられており、大多数の凡人は、ある具体的な制度や規範や訓練課程を半ば盲目的にくぐり抜けることを通して、「自分の生き方はこれだ」という確認をつかんだり、「この生き方はどうも私に向いていないようだ」という判断を形成してゆくものだからである。

このように、「本当の自分探し」には、近代社会が敷いた「個人の自由と自立」というイデオロギーによって促されている面が強い。それは多くの場合、一人ひとりの心を終わりなきアイデンティティ不安のうちに投げ出し、いつまでも「本当の自分」が見つからない（つまり、一人前の大人になったという自覚が訪れない）という不毛な循環の心理を生み出す。そしてときには、その不安に対する防衛意識から、「いまある自分」がすでに担っているはずの義務と責任を忘れ、自己過信という肥大した妄想を生み出しかねない。普通の凡庸な意識にとっては、制度や規範や訓練課程を取り外された「自由」は、むしろ大きな重荷になることが多いのである。

しかしこのイデオロギーは、先に述べたように、自由な契約と法の下での平等とを原則的ルールとする資本主義的な活動と交流から必然的に立ち上がるイデオロギーであるから、資本主義的な市場競争の原理の欠陥を根底から克服できるような社会構成の原理がうち立てられるのでないかぎり、むやみに否定しきれないよい面ももっている。たとえば、本当に「これをしたい」という意欲と能力の予感が自分のなかに訪れたときに、それを可能にする生き方の選択肢がかつてよりも多くなっている点がそれである。

†高度な情報化社会がもたらす「観念と存在の分離」

多くの人が「本当の自分探し」に強迫的に駆り立てられている問題について、もう一つ指摘しておかなくてはならない点がある。それは、一言でいえば、高度な情報社会がもたらす「観念と存在の分離」である。

先に述べたように、人間の意識は、もともと個体超越的にできあがっており、自分の身体の「いま・ここ」に直接かかわりのないことにまでその視野を無限に広げ、そのようにして獲得された知覚情報を、自分の身体の問題として引き寄せようとする特性を持っている。この特性が、自分の身体の空間的・時間的限界を超えた知的情報をより速く、より正確にたぐり寄せるための技術を発達させてきたのだが、二〇世紀の情報技術の発達は、個人のそのつどの行動の可能性や生活の必要性をはるかに超えた、圧倒的な量の情報を洪水のように無秩序に個人に向かって垂れ流す結果をもたらした。この「情報インフレ」は、いつのまにか、個人の統覚を混乱させ、いったい自分とはどういう力と限界をもった存在であり、どのような信念において生きればよいのかという価値判断をぐらつかせてしまう。情報に惑わされるなという訓戒は、いまではありふれたものとなっているが、このありふれた訓戒をきちんと守り抜くこと自体がきわめて難しい状況に、私たちの多くが直面しているといってよい。

情報という言葉は、マスメディアやコンピュータが極端に発達した今日では、当たり前のように使われていて、何かそれだけで客観的な真実や事実をすべての人にもたらすものであるかのような錯覚に私たちを追い込んでいる。しかし、情報を情報として把捉するのは、本来、あくまで私たち個々の主体の能動的な関心と欲望と知的能力であって、マスメディアや広告媒体などの情報発信主体は、その私たちの関心と欲望と知的能力の平均値がここらあたりであろうという恣意的な判断にもとづいて、情報を発信しているにすぎない。だからそれらはゆがんだ世界像を私たちに提供することがいくらでもあり得る。たとえゆがんでいるとはいえない場合でも、その提供手段は、活字、電波に乗った音声や映像といった、あくまで間接的なものにすぎない。だからそれによって私たちの頭の中に形成される観念は、常に、自分の身体を取り巻く、等身大のなまの現実とは乖離する危険をはらんでいる。

そのため、この「情報インフレ」は、適切適量の手堅い知識と技術によって「自らの分を知る」という、言葉の正しい意味での「本当の自分」を探り当てることにとって、かえって邪魔物として作用したり、いたずらに観念的・空想的な夢を追いかけさせたりする弊害が大きいのである。いい年をして「歌手や女優に挑戦してみる」などという軽挙に走る人々があまりに多いのは、その典型的な例である。この人々には、「九牛の一毛」である成功例しか頭にないのだ。

また、「情報インフレ」は、世界大のできごと、地球の裏側のできごとまでも、瞬時にして私たちの手元の知覚であるかのような「ヴァーチャル・リアリティ」として現象するため、いったん社会への参加の意識を抱いたものにとっては、かえって自分の力の卑小さを思い知らされるという効果を及ぼす作用も果たしている。

たとえばニューヨークで世界貿易センターが航空機テロによって倒壊した。超大国アメリカの政権担当者は、ただちに先進諸国やアフガニスタン周辺諸国の同意を取り付け、軍事行動に踏み切った。また何百万というアフガン難民たちの惨めな状況が日々伝えられた。これらの情報を知ったとして、さて「日常性を生きるこの私」に何ができるか。せいぜいアメリカやタリバンや日本政府などの動きについて飲み屋で議論したり、難民救済の寄付を送ったりできるだけだ。

この世界を全体として動かしている巨大な力に対して、一定の感度をもち特定の観念や判断を構成することは可能だが、その可能性は、ただちに、自分の身体の制限の意識として照り返ってくる。世界を動かしている見えない巨大な力と「自分」の卑小さとの落差の感覚は、情報を得ることによってかえって増大する。つまりは、「観念と存在の分離」が、私たち一人ひとりの社会的な無力感をあおる結果となるのだ（もちろん、政府関係者でも高等弁務官でもない一人である「あなた」は、おれには関係ないことだという態度を貫いてかまわないが、高度な情報社会というものが、知らずしらずのうちに、個人をそのような状態に導く作用をもっていることだけは自覚しておいたほうがいい)。

†「本当の自分」がおのずとあらわれるための二つの条件

古代ギリシアのデルフォイの神殿に「汝自身を知れ」という箴言《しんげん》が銘打たれていたことはあまりにも有名である。私たちが、「本当の自分探し」の衝迫からたやすく逃れられないなら、まず「いまある自分」が、自分のこれまでの「由来」や、周囲の他者との間で作っている「他者関係性」によってこそ成り立っているのだという、その「存在」の被拘束性をよく見極め、そこを土台として「新しい自分」を求めるべきである。この覚悟がしっかりしていないと、いつまでも現在の条件から逃避し続ける「永遠の自分探し」に翻弄され、結局は乾いた挫折感や、「私だけが不幸だ」といった過剰な不遇感が残るのみということになりがちである。

繰り返すが、自分をこれまでにかたち作ってきた「由来」と、いま自分のおかれている「他者関係性」とをただ捨象したところに「本当の自分」などを求めても、それはけっして具体的な像を結ばない。「自分」とか「自己」という概念は、キルケゴールのいう通り、たしかに一つの「精神」ではあるが、これらの条件の媒介を通らなければ、ただ自らが自らを絶えず超越しようとするという、抽象的で内容空虚な「運動様態」にすぎない。

「本当の自分探し」が、このことをよくわきまえて進められるのならば問題はないのだが、いま述べたように、これは時代的な要因から、一種の強迫的な流行現象になっている感が否めない。その場合、明確な関心と欲望と自信とに裏付けられた「いまの自分」に対する確固たる見極めにもとづいているという例は少ない。むしろ「本当の自分探し」は、現代社会が個人に与える「自由という強制」によって、個人がかえってどうしてよいかわからない戸惑いと不安のなかに投げ出されている事態の、屈折した表現としてあらわれている。

つまり「本当の自分探し」の衝動は、どちらかといえば、人間のポジティヴな強さから来ているというよりも、ただの自由な個であろうとすることが招き寄せてしまう弱さによって動機づけられている。「たくさんの情報のなかから自分が好きなように選んでよい」という勧告に耐えられるほど、普通の人間は強くないからである。この勧告は、哲学上のパラドックスとして名高い、「わたしの命令に従うな」という命令を課されたときに落ち込むダブルバインド状況に似たような心理的境地に人を追い込むのだ。

勢古浩爾は、『わたしを認めよ!』(洋泉社・新書y)のなかで、人間にとって他者から承認されることは、ほとんど本能といってもよいくらい根源的な欲求であると書いている。まことにその通りであって、「本当の自分探し」が、もし「ただの自由な個であろうとすることが招き寄せる人間自身の弱さ」から動機づけられているとするなら、「完全に自由な個」という幻想をいったんは捨てて、勢古のいう、この「根源的な欲求」をまず素直に認めなくてはならない。

私の考えを接ぎ木すれば、他者から承認されたいという根源的な欲求は、ただ二つの条件によって満たされる。他者には、エロス的な他者（家族、恋人、友人、およびそれらに準ずる人間関係）と、社会的な他者（仕事相手、組織、および、それらによって作られる社会的な評価空間）との二者が考えられる。したがって、被承認欲求を満たすための第一の条件は、エロス的な他者との関係がうまく保たれること、そして第二の条件は、社会的な評価空間に向かって投げ入れた自分の行為が、確実によい報いを得ていると実感できること、である。

思春期や青春期で躓《つまず》く人々、異常な犯罪を犯す人々などは、すべて、この二つの条件の一方か両方において失敗していることに原因があるといってよい。逆にいえば、この二つの条件を満たすことがうまくできるなら、「本当の自分」はおのずからあらわれるのである。

【第四問】人はなぜ働かなくてはならないのか

†そもそも「食うため」とはどういうことか

前項の最後に、「本当の自分」がおのずからあらわれるために満たされるべき条件の一つは、社会的な評価空間に向かって投げ入れた自分の行為が、確実によい報いを得ていると実感できること、であると述べた。これは、いうまでもなく、仕事や労働の問題をどう考えたらよいのかという問いに結びついている。

人はなぜ働かなくてはならないのか。

この問いに対してただちに思い浮かぶのは、「食っていくためにきまっているじゃないか」という答えである。もちろんこの答えは、なくてはならない必要条件の一つを構成している。しかし本当にそれだけだろうか。もしそうだったら、その対偶の論理もただちに正しいということになる。つまり、「人は、食うことが満たされるなら、あくせく働く必要はない」という考え方が無条件で認められることになる。

もちろん、ここで「食うこと」という言葉を、文字通りに限定する必要はない。「人は食うために働く」という一見自明な命題においては、「食う」という概念は、象徴的・比喩的に使われていて、「ただ腹を満たす」だけではなく、ある社会のなかで平均的と見なされる生活水準か、できればそれ以上の水準を保つために必要な諸欲求を満たすという意味を含んでいる。安全で衛生的で快適な住まいをもつこと、家具や車やエアコンなどの耐久消費財を購買する財力があること、自分以外の家族を養えること、子どもに適切な教育を施せること、世間に出ても恥ずかしくないだけの被服や装身具などをそろえたり、冠婚葬祭に怠りなく対応できるだけの構えがもてること、意中の人の関心を引きつけるに足る行動が可能なだけの金銭的余裕をもつこと、読書や観劇やゴルフや旅行などの趣味・娯楽・文化的欲求を追求できること、後ろ指を指されたり、惨めな気持ちにならないために、社会的なルールを守りうること（たとえば、納税の義務が果たせなかったり、犯罪に手を染めたり、借金取りに追い回されたりするような状態にないこと）等々。私たちの住んでいる文明社会では、これらの欲求が満たされて初めて、まともに「食っている」ということになる。

†人は「一生遊んでいける」資産があれば働かないか

さてでは、これらがすべて働かなくとも満たされたとして、それで、「働くこと」の意義は語り尽くされたことになるだろうか？

私は、けっしてそうではない、といいたいのである。試みに次のような問いを出してみよう。

もし一生遊んで暮らせるだけの資産が手に入ったら、あなたは、働くことをやめるだろうか。

この問いにはいろいろな反応が現れるだろう。まず気になるのは、その資産額である。多くの人が、「一生遊んで暮らせるだけの資産とは、いったいいくらのことか。それによって考えが違ってくる」と答えるにちがいない。そして、その額をめぐる議論がひとしきりあることだろう。しかし、今とりあえずその議論はクリアーして、妥当な額についての合意が得られたとしよう。そのうえで、あなたならどうするかと、再び問うことにしよう。

個人的な欲望を表現することを恥じない人は、これだけあれば、まず間違いなく遊んで食っていけると確信できた時点で、本当に仕事をやめると答えるかもしれない。「私は、これまでしたくてもできなかったことを思う存分追求する。豪壮な邸宅を建て、宝飾で身を飾り、酒池肉林の日々を送り、金で女（男）を買いあさり、世界を股にかけて旅行しまくり、芸術鑑賞や娯楽やギャンブルを堪能する」と。

別のある人たちは、「新しい事業を始めてみたい」「ボランティア活動など、社会的に有益なことをする」「趣味の世界に没頭して自分が有意義と感じられる人生を送りたい」などと答えるだろう。さらに別のある人は、もっと慎重で懐疑的であり、「世界情勢や国家社会や個人の人生には何があるかわからないから、いくら積まれても一生遊んで食っていけるという保証が得られることなどあり得ない。今までどおりの仕事を地道に続ける」と答えるだろう。また、「自分は、子孫の繁栄のためを考えて、蓄財と資産の増殖に精を出すだろう」と答える人もいる。なかには、「金など持っていても邪魔なだけだから、わずかを残して何かの団体に寄付してしまい、自分はつつましく暮らす」と答える奇特な人もいるかもしれない。

これらのさまざまな反応は、もちろんその人の性格や能力や年齢、また、周囲の人間関係や、これまでの人生がどんなものであったかということに条件づけられている。したがって、普通だったらどれを選ぶだろうかなどということは一概にいえない。また、「一生遊んで食っていける」というその資産の獲得の仕方にも左右されるだろう。たとえば、永年営々と働いて資産を得た高齢者であれば、これからは悠々自適ののんびりした生活を送りたいと考える人が多いだろうし、若くして才覚を発揮し、一攫千金を得た人ならば、さらに自分の才覚を発展させる資金として活用することを考えるかもしれない。また、宝くじのように、突然転がり込んできた大金ならば……これも、人によって大いに違ってくるといえる。

結局、この問いは、人それぞれではないのかという以外に決着のつけようがないように思える。だが、人々が、たとえば「もし百億円積まれたら」という子どもっぽい空想に思いを馳せて、あれこれそのときの自分を想定してみるのと、実際に人々がどうするかとは別である。私の推定によれば、人は一般に、法外な資産を手にすると、相当の個人的な贅沢を追求するところまではいくだろうが（実際、大部分の人はそうしている）、その追求だけに人生を限定して、仕事をすっかり辞めてしまうということもほとんどしないと思う。たとえばビル・ゲイツはいうに及ばず、タイガー・ウッズやイチローなども、若くしてすでにその資産は相当なものがあろうが、彼らもけっして働くことをやめようとしない。これらの例には、人間が労働する存在である理由を単に「食っていくため」というところにだけ求めたのでは決定的に不足してしまう事実が、何ほどか反映してはいないだろうか。

だがこういう反論があり得るであろう。彼らは実力でのし上がった非凡な人であって、仕事や名誉に大いに生き甲斐を感じるだけの理由があるが、凡人が実力に見合わない大金を手にすればどうか。たとえば、金持ちのどら息子や、遊興に明け暮れた世襲貴族たちのていたらくをどう考えるのか、と。

たしかにビル・ゲイツやタイガー・ウッズやイチローはある意味で例外である。しかしまた金持ちのどら息子や遊興に明け暮れた世襲貴族も例外なのである。そして、両者では、その例外の意味が違っている。金持ちの息子のなかには、その恵まれた条件を活用して自分の勤労意欲にうまく結びつけ、親ののれんを受け継ぐことに人生の目的を見いだした者がたくさんいるし、逆に親の資産を当てにせず、まったく別の生き方を選んで努力している者もたくさんいる。また、世襲貴族がみな遊興に明け暮れていたと考えるのは、近代民主主義社会の平等イデオロギーが作り出した偏見であって、彼らの多くは、土地の管理や政治や軍事など、その社会様式のなかで割り振られた仕事をそれなりにこなしていたにちがいないのだ。彼ら有産階級の人間がみな堕落した人生を送ったかというと、けっしてそんなことはない。彼らのなかにもその財産と時間とを活用して、文学や哲学や自然科学や芸術や産業振興や国家的・社会的事業などに大いに貢献した者がたくさんいることを忘れてはならない。

これに対して、ビル・ゲイツやタイガー・ウッズやイチローという「例外」は、人間の普遍的な勤労意欲の秘密を指し示す一つの「典型」たり得ている。もちろんだれもが彼らのようになれるはずはないので、みんなあのようになろうなどと景気づけてみてもほとんど意味はない。私の本意はまったくそんなところにはない。

私は、どんな実力者やヒーローのなかにも、彼らがすぐれていればいるほど、自分の資産がこれくらいになったからというだけの理由で、仕事への情熱を投げ捨ててしまわない「何か」があり、その「何か」にこそ、凡人の営々たる勤労意欲と相通ずるものがあるということを指摘したいのである。人々は、単に彼らの能力が人並みはずれてすぐれているから彼らを話題にのぼらせるのではない。称えるにせよ羨《うらや》むにせよ、ともかく彼らを実力者として意識するためには、その人並はずれた能力のうちに、凡人にも共感可能な、ありふれた労働の意義が宿っているのを認めることが必要条件となっていなくてはならないのである。

では、その普遍的な「何か」、ありふれた労働の意義とはいったいなんだろうか。何が私たちの労働への志向を支えているのだろうか。これをうまく言い当てることがすなわち、「人はなぜ働かなくてはならないのか」という問いに答えることである。

†「好きな仕事に就く＝人生の充実」という答えでは十分ではない

もともと、「人はなぜ働かなくてはならないのか」という問いには、あるネガティヴな動機、働くこと自体への懐疑感情といったものが拭いがたくまといついている。というのも、実際、働くことにはさまざまなつらさがつきものだからである。ある者は、肉体的な労働のきつさを訴える。またあるものは、組織のなかで、上司の納得できない命令に従わなくてはならない理不尽さをいう。また別の者は、自分の資質と現にやっている仕事との不適合をいい立てる。また、支払った努力に相応の報酬が得られない不平を鳴らす者もいる。さらに、職場の人間関係がスムーズに流れないことに大きなストレスをためる者もいる。また、ある目的を果たすために作られた企画が、実際には、その達成に少しも役立っていないという実感が伴うため、自分の労苦に意味を見いだせないという場合もある。「なぜ働かなくてはならないのか」という問いのなかには、これらの「労働の苦痛に対する不条理感覚」が複合的に織り込められている。

この不条理感覚が鬱積すると、「なぜ働かなくてはならないのか」という問いは、「あくせく働いたってばからしいだけだ。金さえあったらとっくに仕事なんか辞めてやる」という否定的なバイアスを強く帯びるようになる。

この問いに、そうした否定的なバイアスがかかる事情は十分に納得できる。しかし、先に述べたように、人は有り余るほどの金を手にしても、必ずしも働くことをやめようとはしない。その理由をあくまで論理的に突き止めようというのが私のここでの意図であるから、こうした否定的なバイアスをかけてこの問いについて考えることをいったんは断ち切らなくてはならない。そのためには、もっと単純に、「なぜ人は働くのか」というように問いのかたちを変えることが適切であろう。

しかしそうすると、また、一つの答えが頭を擡《もた》げてくる。それは、「好きな仕事に就くことで、人生の充実を味わえるからだ」というものだ。だが、この答えは明らかに不十分である。なぜなら、だれもが、「好きな仕事」に就けるわけではないし、たとえはじめは「好きな道」と踏んである仕事に飛び込んだとしても、どの道であれ、働くことのつらさはついてまわるし、実際には、「いやいやながら」という感情を押し殺しながら日々の仕事をやり過ごしている場合のほうが圧倒的に多いからである。

世の中の多くのメディアは、「生き生きと働いている」人たちをことさらクローズアップし、「こんなに個性的で自分を実現できる生き方がある」といった情報をこれでもかこれでもかと私たちに焼き付けようとする。それは、勤労意欲を減退させた人たちや、仕事に生き甲斐を見いだせなくなった人たちに対する一種の慰め、元気づけ、勇気づけを動機としていて、そのかぎりでは、善意にもとづいているということがわからないではない。しかし、労働現場でのさまざまなつらさを実感している多くの人にとっては、それによってよい刺激を与えられる場合よりも、かえって、「ああいうのは、しょせんは選ばれた人たちの、しかも、いいところだけを抽出してスポットを当てているにすぎない」という白け感覚やルサンチマンを増大させる逆効果のほうが大きいと思う。若者に「生き方の夢」を与えるのは必要なことだが、同時に、あらゆる仕事に伴う苦労もきちんと伝えるのでなければ意味がない。つまり、「好きな仕事を好きなように追求するのがいい」といったコンセプトによって労働の意義を根拠づけようとすることは、えてして理想と現実との乖離感をかき立てる結果になりやすいのである。これでは振り出しに戻ってしまう。

†「労働は美徳である」という答えも不十分である

では、労働の意義を「モラル」に求める考え方はどうだろうか。「働かざるものは食うべからず」「勤労は、それ自体が美徳なのだ。怠けてふらふらしているやつはろくなことをせず、社会に害毒を流す」「小人閑居して不善をなす」云々。

この、道徳観念によって労働の意義を根拠づける考え方は、多くの人をとりあえず納得させるに違いない。それは現に営々と働いている人たちのアイデンティティを保証してくれるし、それらの人たちの働きのなかに流れるエートスによってこの社会が支えられていることは事実だからだ。

しかし、私は、これもまた別の意味で不十分であると考える。というのは、およそある道徳観念というものは、それだけとして絶対的に（自己原因的に）成り立つものではなく、むしろ人間どうしの欲求や行動の交錯が生み出してしまう秩序の混乱を避けようという必要から二次的に考案された知恵に他ならず、それを純粋かつ教条的に通そうとすると、必ず、人間の活動実態との間に無理な齟齬を生み出してしまうからである。この場合でいえば、過度な勤労道徳によって人間の労働の意義を根拠づけようとすると、そこにはかえって強制感と抑圧感がつきまとうことになり、再び「なぜこんなにあくせく働かなくてはならないのか」という疑問を強く導き出してしまう。

たとえばナチスが行ったユダヤ人の強制労働は、そこに特殊な政治権力や人種差別意識の作用が強くはたらいていたことは疑いもないが、しかし、そもそもこうした現象に現実的な効果を及ぼしていたのは、「労働こそ美徳であり喜びであるべきである」という有無をいわせぬ道徳観念なのである。こうした組織化された勤労道徳への広範な合意がなければ、どんな政治権力も、ユダヤ人たちを強制労働に駆り立てることはできなかったはずだ。

人間の欲求や行動形態と、その道徳観念との間に幸福な一致が見られる場合は問題がない。だが、えてして、道徳観念がことさら強く意識されるのは、かえって、それまで自明なものとされていた無意識的な規範感覚が崩れて、あちこちでほころびを見せ始めていることを示している証拠である場合が多いのである。つらさがつらさとして、不条理感覚が不条理感覚として広がれば広がるほど、その分裂を抑えるために、道徳観念が、ときにはヒステリックなかたちで対立物として立ち現れるのだ。

†人間が社会的存在である事実が労働の意義を根拠づける

以上のように考えてくると、「人は働くことが好きなのだ」という欲望論的解釈や、「労働は美徳である」という道徳観念が、労働の意義を支える究極点なのではなく、むしろ逆に、個人の自然本性（好きな道だから働く）でも道徳観念（人は働くべきだ）でもない何かが、私たちの「働きたい」という欲求や「働くべきだ」という道徳を支えているととらえたほうがよい。

私はこの問題を次のように理解する。労働の意義を根拠づけているのは、私たち人間が、**本質的に社会的な存在であるという事実そのものである。**

労働が私たちの社会的な存在のあり方そのものによって根源的に規定されてあるということには、三つの意味が含まれている。一つは、私たちの労働による生産物やサービス行動が、単に私たち自身に向かって投与されたものではなく、同時に必ず、「だれか他の人のためのもの」という規定を帯びることである。

自分のためだけの労働もあるのではないか、という反論があるかもしれない。なるほど、ロビンソン・クルーソー的な一人の孤立した個人の自給自足的労働を極限として思い浮かべるならば、どんな他者のためという規定も帯びない生産物やサービス活動を想定することは可能である。じっさい、私たちの文明生活においても、一人暮らしにおける家事活動など、部分的にはこのような自分の身体の維持のみに当てられたとしか考えられない労働が存在しうる。

しかし、そのようにして維持された自分の身体は、ほとんどの場合、ただその維持のみを目的として終わることはなく、むしろ今度はそれ自身が他の外的な活動のために使用されることになる。また自分自身を直接に養う労働行為といえども、そこにはそれをなし得る一定の能力と技術が不可欠であり、それらを私たちは、ロビンソン・クルーソー的な孤立に至るまでの生涯のどこかで、「人間一般」に施しうるものとして習い覚えたのである。自分自身を直接に養う労働行為において、私たちは、「未来の自分」「いまだ自分ではない自分」を再生産するためにそれを行うのであるから、いわば、自分を「他者」であるかのように見なすことによってそれを実行しているのだ。自分一人のために技巧を凝らした料理を作ってみても、どことなくむなしい感じがつきまとうのはそのゆえである。

さらに、私たちは、資本主義的な分業と交換と流通の体制、つまり商品経済の体制のなかで生きているという条件を取り払って、たとえば原始人は、閉ざされた自給自足体制をとっていたという「純粋モデル」を思い描きがちである。だが、いかなる小さな孤立した原始的共同体といえども、その内部においては、ある一人の労働行為は、常に同時にその他の成員一般のためという規定を帯びていたのである。つまり、ある一人の労働行為は、彼が属する社会のなかでの一定の役割を担うという意味から自由ではあり得なかった。

労働の意義が、人間の社会存在的本質に宿っているということの第二の意味は、そもそもある労働が可能となるために、人は、他人の生産物やサービスを必要とするという点である。これもまた、いかなる原始共同体でも変わらない。実際に協業する場合はいうに及ばず、一見一人で労働する場合にも、その労働技術やそれに用いる道具や資材などから、他人の生産物やサービス活動の関与を排除することは難しい。すっかり排除してしまったら、猿が木に登って木の実を採取する以上の大したことはできないであろう。

そして第三の意味は、労働こそまさに、社会的な人間関係それ自体を形成する基礎的な媒介になっているという事実である。労働は人間精神の、身体を介してのモノや行動への外化・表出形態の一つであるから、それははじめから関係的な行為であり、他者への呼びかけという根源的な動機を潜ませている。

人はそれぞれの置かれた条件を踏まえて、それぞれの部署で自らの労働行為を社会に向かって投与するが、それらの諸労働は、およそ、ある複数の人間行為の統合への見通しと目的とを持たずにばらばらに存在するということはあり得ず、だれかのそれへの気づきと関与と参入とをはじめから「当てにしている」。そしてできあがった生産物や一定のサービス活動が、だれか他人によって所有されたり消費されたりすることもまた「当てにしている」。他人との協業や分業のあり方、またその成果が他人の手に落ちるあり方は、経済システムによってさまざまであり得る[*1]が、いずれにしても、そこには、労働行為というものが、社会的な共同性全体の連鎖的関係を通してその意味と本質を受け取るという原理が貫かれている。労働は、一人の人間が社会的人格としてのアイデンティティを承認されるための、必須条件なのである。

†マルクスの「労働疎外論」はなぜリアリティが感じられなくなったのか

ところで、資本主義社会は、次のような無限発展の論理によって動いている。人間精神のはたらきの外化された形態である労働の生産物やサービス活動が、生産力の発展によってさしあたりの生活の必要を満たす以上の富の余剰を産み、その余剰が貨幣という一般的な流通形態に転化され、それが再び生産資本に転用されることによってさらなる余剰が生まれ、そのうえさらに、今度は、その余剰そのものの増殖を目的として貨幣それ自体が金融商品に転

＊1　たとえば家族内での自家生産や手工業的な生産や資本主義的大企業での生産、物々交換原理、相互贈与のような互酬性原理、貨幣経済のような市場原理など。

化する……。こうした富の余剰が、具体的な一人ひとりの労働への対価として生産者自身に還元されないところに、このシステムの矛盾を見たのがマルクスであった。

彼は「外化」された労働が、その外化した主体に対する合理的な報いとして帰ってこないこの事態を、貨幣経済のシステムにおける「具体的有用労働と抽象的人間労働」「使用価値と(交換)価値との対立」「労働力の商品化」といった卓抜な分析概念を用いて、構造的に把握した。このような捉え方は、資本主義の飛躍的な発展を見た一九世紀において、一握りの巨大な富を抱えた資本家群と、圧倒的多数の貧困労働者との格差という大きな社会問題が背景に存在した事実に対する、正当な、また必然的な問題意識であった。

しかし、マルクスを創始者とする社会主義思想は、その理念を、全経済活動の強力な社会的管理体制の創出による富の再配分の実現によって、市民的所有(私的財産の所有)を廃棄するという過激な人為的原理に求めたため、実際には、成熟した資本主義的市民階級の同意を得られなかった。それは逆に、近代化に後れをとった地域における国家利害と常に癒着したかたちでしか実現せず、結果的には、専制的な官僚権力が、貧困者のルサンチマンを吸収して利用するおそるべき全体主義体制を作り出しただけだった。

そうこうするうちに他方では、自由主義の立場をとる先進諸国家群の大衆の生活水準は向上し、大衆自身が政治的にもさまざまな権利を行使し得るようになった。もはやマルクス主義が、社会変革の動機と考えたような、一握りの強大な権力者や富の独占者と、その圧制の被害を被っている大多数の大衆という構図は、人々の生活感覚のなかでリアリティを感じられないものとなっていったのである。

マルクスの資本主義分析は、それ自体として価値の大きいものだが、「労働疎外論」を唱えた若きマルクスは、自ら社会に投与した労働の成果が、その主体自身にとってよそよそしいものとしてしかあらわれないという事態に対するヒューマニスティックな「義憤」の念に強くとらわれていたフシがある。彼はこの「義憤」をヘーゲルの観念論的体系に対する熱い批判のかたちで展開したが、ここは、再びヘーゲルの労働観を見直してみるべきところであろう。

†労働は人間が人間でありうる条件であるというヘーゲルの考え方

ヘーゲルが『法哲学講義』のなかで、労働に触れて述べている部分のうち、重要と思われる箇所を、少し長くなるが抜粋して引用する。（なお、以下、行頭がさらに下がっている部分は、ヘーゲルがみずから講義に用いた『法哲学要綱』の文章である）

（慈善とか寛容よりも）もっとまっとうな関係として、労働によって収益をあげる場合が考えられます。わたしが労働者に労賃を払うとき、わたしはかれの欲求のことも考えています。だから、それによって彼の目的が達成されるだけでなく、加えて、わたしはかれの行動のうちに、かれが欲求満足の手段をみずからうみだす自由を認め、もってかれを尊重し、かれがわたしに感謝するのではなく、自分に感謝すべきだと考えてもいるのです。

金持のさまざまな出費についても、右のことは当てはまる。金持はあれこれ購入して、たくさんのお金を支払うが、世間ではよく、そんなことをしないで、その金を貧乏人に施せばいいのに、という。実際、金持の慈善行為は金を施すのと同じことなのだが、金を施すより、労働の対価としてだけお金を支出するほうがずっと道徳的です。それによって他人の自由を承認することになるのですから。

だから、市民社会の文明化が進むと、慈善施設はだんだんに減少していくので、というのも、自分の必要とするものを自分で手に入れるのが人間らしいことだからです。全体の暮らしが慈善を土台とするより、産業を土台としてなりたつ社会のほうが、はるかに人間らしい共同体です。(中略)

§199　労働と欲求の満足が、たがいに依存しつつ相互に関係するなかで、主観的な我欲が万人の欲求の満足に寄与するものへと転化する。特殊なものが一般的なものによって媒介される、というこの弁証法運動のなかで、各人が自分のために取得し、生産し、享受する行為が、同時に、他人の享受のための生産となり、取得となる。

各人の目的は、さしあたり、自分の特殊な欲求を満たすことにあるが、自分のための行為が他人の欲求を満たすのに役立ちもする。当人が意識しなくても、事態はそう動くので、個人が自分の利害だけを念頭に置いて行動しても、事柄の本性上、それが他人のためにもなる。特殊な行動と一般行動の結びつきからして、特殊な行動が自分の満足をめざすものでありながら、他人の欲求を満たしもするのです。（中略）

万人が万人に依存する、という生産と享受の全面的な網の目のつながりは、各人にとって、共同の持続的な財産であって、それは、だれでもがその教養と技量に応じて自分のものとし、もって自分の生活を安定させることのできるようなものである。逆にまた、各人がみずからの労働によって得たものが、この共同の財産を維持し増加させるのである。

（中略）こうした共同の財産はだれにでも利用できるもので、自分の欲求を満たすという人間の権利を保障するものです。特殊な欲求を満たす権利は、市民社会の生産機構として現実のすがたをとり、確固たる土台をなすので、各人は、ここに、自立できるという実感をもち、自分の欲求を自発的に、自分の労働を通じて、満たしうることに、誇りをもちます。各人は、他人に依存しつつ、この依存性を自分の活動を通じて克服することによって、みずからの自立を自覚します。それが各人の能力の根にあるもので、そこに理性的な市民生活が成り立ちます。(以上、長谷川宏訳)

ヘーゲルが言っていることを要約するなら、次のようになる。各人が自分の欲求を満たすという主観的な動機にもとづいて行った労働の投与が、全体としては、たがいに他人の欲求をも満たす相互依存の生産機構という「共同の財産」を作り出す結果となる。もしそういう共同の財産のネットワークが市民社会にきちんと整っているなら、それによって、だれもが自分の労働を通じて社会から一人前であるとして承認され、慈善や憐憫に頼るような奴隷的なあり方とは違った、人間的な自立と自由とを実感することができるのだ、というのである。まさに、「近代」の王道を行く考え方である。

すでに記したように、そうはいっても、資本主義社会はなかなかうまくいかず、恐慌や貧富の格差などの乗り越えがたい矛盾を生み出したではないか、というのが、マルクスをはじめとする近代社会批判の問題意識であった。たしかに、資本主義社会は、現在もこの客観的な矛盾を克服し得たわけではない。その課題克服がいかにあるべきかについては、別途考察すべきであろう。*2だが、そのことは、労働の意義についてヘーゲルが提出した原理が間違っていたことをけっして意味しない。批判の対象とすべきは、ヘーゲルの考え方ではなく、ヘーゲルの打ち出した労働理念がなかなかその通りにはいかない現実社会のあり方のほうである。

彼自身は、「金持が慈善行為をするよりもその金を使ってものを買うことの方が、他人の労働の価値（すなわち人間的価値）を認めたことになるので、ずっと道徳的だ」という、なかなか逆説的な表現をしているが、その真意をよく汲み取るなら、そこには、労働という人間的な行為についての重要な真実が隠されていることがわかる。ヘーゲルは、労働という営みの根拠が、人間の社会的な本質に根ざすものである事実を突いているのであって、それが、体制の如何を超えて、相互依存、相互交流を機軸とする社会的な共同性の存在を前提としたところでしか成り立たない概念であることを言い当てているのである。そしてそのことによって、むしろ、労働が、単なる「勤労道徳」によって根拠づけられるのではない深い人間的

＊2　この考察のためには、権力とは何かが分析されねばならず、またそのためには、人間の情念とは何かという原理的な考察が深められなくてはならない。

意味をもった営みであることを指摘しているのである。

働くことは、人間が、人間でありうることの条件の意味をもっている。なぜなら、繰り返すように、人間世界においては、自分の欲求を満たすための自発的な行為は、自他に対して「表現的」であり、ただちに関係的、共同的な「意味」をもったものとして他者の生のあり方に反映し、さらにその他者の生のあり方がまた、みずからの生のあり方を規定するものとして還ってくるというように、不断の相互連関の過程におかれているからである。言い換えれば、人間は、みずからを一個の人間として自己承認するためにこそ、この相互連関のなかに自己を投げ入れ、そこから還ってくる他者の承認の声を受け取る必要があるのである。

†「金銭」だけが「他者の承認の声」ではない

なおこの項の最後に、この「他者の承認の声」ということについて一言但し書きをつけておかなくてはならないが、この場合、「働く」とは、必ずしも一定の社会的仕事について、それによって金を稼ぐことのみを指しているのではない。

金銭を稼ぐことは、現代社会において「働く」ことが意味あることとして実感されるための主流の位置を占めていることは疑いないが、それは、貨幣という一般的抽象的な流通形態のなかに、人間社会の相互交流の運動の実在を、諸個人に最もわかりやすく実感させる文化的な知恵が込められているからである。金銭的見返りは、「他者の承認の声による自己承認」の、間接的・象徴的な証しである。

もちろん、この知恵への過度のこだわりが、ときには「拝金主義」や「貨幣物神化」や「守銭奴」や「ギャンブル的マネーゲームへの狂奔」や「犯罪」などの「非難されるべき」現象を産むこともあるが、しかし、そのことは、何も、貨幣資本主義が原理として誤っていることを意味するのではなく、人々の欲望の質や濃淡に由来することである。貨幣の存在が、依然として、諸個人の相互交流を本質とする「市民社会」なるものの運動様態を最もよく象徴しているという事実の大切な意義は動かない。

にもかかわらず、一方では、「働く」ことによって得られる人間の相互承認というよき報いの意義は、「金銭」という見返りの実感のみに限定されるものではない。たとえば、専業主婦として、家族というエロス的な関係の維持のために力を注いだとしても、直接的な金銭の見返りは期待できないが、それでもそこには、かけがえのないエロス的な他者の「承認の声」を受け取るという動機と目的が込められている。「母の日」や「結婚式」における子どもたちの感謝の気持ちに素直に感動しない母親は少ないであろう。またたとえば、「意気に感ずる」友誼的感情によって、金銭的見返り抜きに労働を提供するような場合や、ボランティア活動などの場合にも、この「他者の承認の声の受け止めによる自己承認」という原理がはたらいていることはいうまでもない。「支え合うことの大切さ」などというと、なにやら説教臭くなってしまうが、要するに人間は、さまざまな身体の表出（行動）を通してたがいに支え合うというかたちを取る以外に、人間としての条件をまっとうできないように作られているのである。

【第五問】なぜ学校に通う必要があるのか

†さまざまな揺らぎを見せる「学校制度」

今日、近代社会が敷いた「学校制度」は、さまざまなかたちで揺らぎを見せている。最近では、この揺らぎは、学級崩壊や、増大する不登校、学力低下といった現象としてあらわれ、それぞれ個別に問題克服を追求する試みがなされているが、時間的・空間的な視野を少し大きくとれば、学校の揺らぎ現象は何も今に始まったことではなく、すでに三十年近い歴史を閲しているし、また、その背景には、個別に教育界内部の問題として把握したのではとうてい解決・処理しきれない、広く文明社会全体の問題が横たわっていることが感知される。

たとえば、一九八〇年代初頭には、すでに「校内暴力の頻発」というかたちでその問題の発端が提起されたし、その後も、「細かすぎる校則」問題や「教師の体罰」問題、「いじめ」

問題、「教師の疲弊・失調」問題など、ことに中等教育の現場を中心として、近代公教育のほころびを象徴するような現象が手を代え品を代え続いてきた。

ところで、これらのほころび現象に対して、教育行政の責任者や、政治イデオロギー的にこれと対立のポーズを取ってきた組合運動組織、また教育学を専攻する専門知識人や、教育評論家といった人々の多くは、それぞれの個別問題をただ個別問題としてのみ俎上に載せて、その場かぎりの、しかも現場の切実さを踏まえない観念的な「対策」らしきものを呈示するか、そうでなければ、「競争で子どもを苦しめた結果」といった、見当違いの総括に終始するのが常であった。

これらについては、すでにその視野の狭さや認識の誤り、またそうした誤謬がなぜ生まれるかについての心理的根拠をいろいろなところで指摘してきたので、ここでは繰り返さない（詳しく知りたい方は、拙著『学校の現象学のために』大和書房、『子どもは親が教育しろ！』草思社、『「小学校」絶体絶命！』共著、宝島社文庫、『「教育改革」は改革か』共著、PHP研究所、などを参照していただきたい）。押さえておきたいのは、一九七〇年代後半から見え始めた、さまざまな学校教育の失調現象が、大きな社会史的流れのなかに位置づけられる、いわば共通の原因をもった一つの現象に他ならないという事実である。

それは一言でいうなら、日本社会の近代化の完成と、それにともなう国民的目的の喪失に起因している。

日本社会は、七〇年代の中頃に豊かな都市型の社会を完成し、貧困の問題をほぼ解決した。明治初年代に始められた日本の公教育の目的は、いかにして欧米のような強く豊かな近代産業国家を構築するかという点にあった。敗戦によってこの目的はいったんは挫折したかに見えたが、挫折があればこそ、その後もこの「国民的悲願」は継続し、わずか三十年を経ずして、高度経済成長を成し遂げ、国民一人あたりGDPが世界の最高水準に達するほどの経済大国にのし上がったのである。このプロセスと、日本の子どもたちの多くが、義務教育レベル以上の高等教育に熱心に参加していくプロセスとは、正確に対応している。それはつまり、学校教育を通して、今の惨めさから抜け出し、今よりももっと豊かな生活や高い社会的な地位を手にしたいとする「学校成功物語」が、実質的な意味をもつものとして感じられていた時代であった。

しかし、気づいてみると、この「悲願」はほぼ成し遂げられており、その後十数年ほどの間、日本の平均的な国民は、豊かな消費社会を楽しみ、八〇年代末のバブル的な浮かれ状態にまで登りつめることになる。だがその裏側では、近代の成熟それ自体がおのずからはらむほころびが進行していた。学校における一連の「問題現象」は、豊かな文明生活を自明として生まれ育ってきた子どもたちが、何のためにわざわざ苦労して学校というところに通って勉強するのかという目的意識を、身体と情緒のレベルで明確に感じられなくなったところに発生した現象である。そしてじつはそれは、大人たちが潜在的なところで「生きる目的」を具体的に実感し得なくなってきた事態の、素朴な写しでもあった。

大人たちが、子どもたちに、彼らを学校に強制的に通わせることの意味について明確に答えることができにくい時代に私たちは生きている。学校社会は、とくに画一的、集団的な秩序と規範を強いる空間であるから、子どもの「わがまま」や「自由」欲求に対して、たえず秩序や規範の強制の意義を再確認する必要に迫られている。しかし、この「学校に通うことの普遍的な意義」については、教育言説の世界ではきちんと原理的に議論された試しがなく、子どもたち自身がそれを身体と情緒のレベルで納得するという契機が取り払われてしまうと、とたんに、当の疑問が前面に浮上することになる。

この疑問は、義務教育以上の教育が大衆化すればするほど、あからさまとなる。というのも、第一に、教育大衆化現象は、知的能力の点で高度な学習内容についていけない子どもたちの実態をますますはっきりと示すことになるからであり、また第二に、思春期から青春期にさしかかった子どもたちは、社会的自我に目覚めるために、自分がおかれている生活空間が果たして自分に適したものであるかどうかという疑問を強く抱きやすいからである。当然といえば当然であるが、現在、子どもたちの「学校離れ」「勉強離れ」は、中学校や高等学校における成績の思わしくない生徒たちの階層においてことに著しい。そしてやる気のある子とやる気のない子、勉強のできる子とできない子との格差がはっきりと広がりつつあるのである。またこの格差の広がりは、親の収入や職業や学歴や地位など、社会階層的な格差にほぼ対応するという結果も見られる（この事実については、東京大学教授の苅谷剛彦の諸研究を参照）。

学校に通うことの意義が感じられない多くの子どもが発生しているというこの事態に対して、教育関係者たちは、それぞれの立場で、それなりの苦労を払って場当たり的に対応しているが、全体としては分裂と混乱の様相を呈しているといってよいだろう。たとえば、「無理をして学校に通わなくてもよい」と唱える議論があり、それにのっとって、不登校生徒の自宅学習や民間のフリースクールでの学習を単位として認定する施策が打ち出されるかと思えば、公教育に「もっと子どもの自由や個性を尊重した教育」を持ち込むべきだとする論者もいる。また逆に、学校を集団的規範や国民的道徳を学ばせる場として復活させようと試みる論もある。しかし、概していえることだが、いずれの議論も、「教育理念」という狭い枠組みに拘束されており、「学校」という社会組織そのものの歴史的な成立と展開の事情に対する認識を不徹底にしか踏まえていないという感が否めない。

†豊かな社会が招いた学校教育の理念と現実のギャップ

「学校」という社会組織の成立事情を歴史的に考えるとき、重要視すべきなのは、近代社会が、それ以前の社会の身分的拘束から個人を解放するという理念を掲げたという事実、そして、その理念を実現させるために、かつてのそれぞれの身分に応じた職能訓練や修業に代えるに、すべての子女に共通の学習を施す一般的な「教育課程」を置いたという事実である。それは、身分制度を否定して平等原理を掲げた近代社会そのものの要請に見合っていた。

こうした理念の上に立った学校教育は、やがて近代の成熟と共に、大衆化と期間の延長化の一途をたどり、それが、思春期や青年期にまで達した大多数の人々をも「社会的子ども」として捉えるまなざしを形成した。そしてこのまなざしは、彼らの自然的・生理的な成熟との間に大きなギャップを生み出すこととなった。昔ならとうに自立して大人として扱われていた年齢の人々も、今では「学校」というところに通って、「勉強」を本分とすべき「子ども」と見なされている。

第三問で追究したように、「本当の自分探し」が若者たちの間で延々と続けられる理由の一端も、若者に対するこうした社会的まなざしのあり方にある。子どもをいつまでも抽象的な「子ども」概念のなかに囲い込み、一人前の「大人」への具体的な展望を与えない制度の構造が、若者を永遠の「精神的思春期」に留め置いてしまうのだ。

このギャップは、一般的な学校教育の動機が全社会の近代化という、いまだ達せざる目的に見合っていた間は、さほど目立たなかった。先に述べたように、大衆の間に、自分の子女をできるだけ上の学校に通わせ、努力と勤勉を強いることで将来の社会的な成功や個人的な幸福をつかませるという「学校成功物語」が信じられていたし、また実際、そのような信仰が功を奏して、近代化を成し遂げるという国益を満たすことに貢献したからである。

しかし、社会が豊かな近代化を実質的に達成し、次なる目標を明確に設定できなくなってくるころから、子どもの自然的・生理的な成熟と社会的未熟とのギャップが、「学校」という組織そのものの失調として反映するようになった。これは今にして思えば、必然的というほかない。

†一律平等に高度な学習内容を学ばせることの無意味さ

もともと近代の学校教育課程は、現実社会で生きるための実用的な知恵と技術を伝達することを柱とせず、むしろ形式的な均一性と平等性とを保障するために、抽象的な知識の体系を伝授することを主たる理念としている。むろん、学校における実際の教育内容が、算数（数学）、国語、理科、社会、英語といった各教科へ分化している事実は、各個人がそれぞれの適性と能力に応じて具体的・実用的な道を選択可能にしていくための方向性を指し示してはいる。しかし、それらは、全体として、社会における実用性の観点そのものからは相対的に自立した、閉じられた体系性をもっており、その理念の重点はあくまで、「リベラル・アーツ」的な一般教養を国民のすべてに浸透させて、その水準を高めるというところに置かれているのである。

この理念が間違っているというのではない。ことに子どもが低年齢の間は、基礎教養としての「読み書きそろばん」をすべての子どもに効率よく習得させることは、普遍的な妥当性をもっている。だが、学校教育課程がますます大衆化し、長期化するようになってくると、この理念が、実態との間に無視できないずれを生むようになったこともたしかである。高等学校に通うほどの年齢に達した者が、資質の向き・不向き、能力の適・不適を問われずに、ともかくすべて一律平等に、かなり高度になった「一般教養」的な勉強の体系を習得しなければならないとするのは、どう考えても不自然だからである。

この不自然を直視することは、教育行政や親の意識のなかで、長い間隠蔽されてきた。それは、平等主義というイデオロギーが支配する社会においては、閉じられた一般教育の体系という制度的枠組みの内部でできるかぎり能力を向上させることに、人間の上昇志向欲求と、他人に対する差異化欲求を満たすための「夢」と「野望」を託すほかはなかったからである。

この「不自然」を直視することを回避するために、事実上、次のような彌縫《びほう》策が演じられてきた。一つは、制度を維持しようとする側からの現実的対応として、偏差値などの計量化できる尺度を通じて、生徒集団を序列化して振り分けること。もう一つは、親の側の本音の表出として、公立普通教育ではカヴァーしきれない個々の子どもの学力充実を、通塾や私学への選択というかたちで満たそうとすること。そして最後に、とくに学習に不適応な多くの子ども自身の側の本音として、学校での勉強に自分のアイデンティティを見いだすのではなく、それは適当にやり過ごしておいて、アルバイトに専心したり、学校に通う意義を部活動や友だちづきあいに求めたりすること。これらは、教育の現場を生きる人々にとって、理念と現実の隙間を埋めるために取られた、やむを得ぬ実際的対応であったといってよい。

しかし、国民のすべてが近代社会にふさわしい知識水準とそこそこ豊かな生活を確保するという「近代型学校」教育は、すでにその使命を半ば終えているので、そのことが薄々気づかれ始めたころから、不登校の増大現象や、勉強忌避のムード、学力の低下現象、「いったい学校に通うことに意味があるのか」という懐疑的な気分などが明確化してきて、現在に至っている。もちろん、世代は次々に入れ替わるので、新しく生まれ育ってきた子どもたちに、現代社会で生きていくための基礎学力や技能や規範感覚を植えつける場としての学校の意義それ自体が揺らぐことはない。近代社会が作りあげたよき文化遺産は、今後も継承・維持されなくてはならない。その意味では、それに代わるものがいまだ確立されていない以上、「近代型」の学校の使命がすべて終わったといい切ることはできない。

だがもはや覆いがたく顕在化しているのは、思春期以降の高年齢に達した子どものすべてに、一律平等にかなり高度な「一般教養」的学習内容を学ばせることの無意味さと時間の無駄である。これからの「学校」は、すでにいくらかは説かれ、また実践的にも試みられているように、とくに中等教育、高等教育の部分において、そのスタイルと内容を、各個人の能力と適性に応じた多様なものに変えていかなくてはならない。

†不登校は容易に発生しうる

ところで、ここは、これからのあるべき教育制度について論じる場所ではないので、その問題をこれ以上追究することは他に譲るとして、「学校」的なるものに通うことの意味が、そもそも個人の生にとってあるのかどうか、あるとすれば、それはどんなかたちにおいてか、ということを、あくまでも個人の実存に引きつけて、原理的に考えてみたい。

皮切りに、次のような問題をまな板に載せてみよう。

すでに触れたように、現在学齢期にある子どもたちの間では、不登校生徒が一クラスに一人ぐらいの割合でおり、かなりありふれた現象になっている。かつて学校が、だれもが通うべき場所としてその自明性が疑われなかった時代には（それも、たかだか数十年間のことにすぎないのだが）、「不登校」は「あってはならない事態」であり、何としても解決しなくてはならない問題と考えられていた。そこでさまざまな原因追及の試みがなされた。

一つには、当の子どもの心の病の問題として、精神医学的アプローチからの解釈がなされた。また他方では、管理教育、受験詰め込み教育などの教育体制の側の「悪」が問題であるとされ、不登校児は、普通の子よりもその「悪」を鋭敏に感ずる告発者なのだなどという考え方も現れた。また、学校生活における友人関係のこじれ、いじめなどに原因を帰する説もあった。さらに、家庭におけるしつけの力が低下したために、社会的適応力のないわがままな子どもが育ってしまったのだという考え方もあった。

これらは、部分的には当たっていなくもない場合もあったものの、そのどれか一つに原因を還元することによって、不登校現象のすべてを統括的に把握できたとはとうていいえなかった。その後もこの現象は増大し、しかも、それらの場合に、上記のようなさしたる特定の原因を見いだすことができないケースが多くなってきたからである。

すでに述べたように、不登校現象は、近代社会立ち上げの必要のために作られた「学校社会」の古い集団主義的理念と気風とスタイルに対して、豊かさを自明として育ってきている新時代の子どもたちが、そこに強制的に参加させられることの意味を身体的、情緒的に納得できないという、一般的な倦怠と離反の気分を背景としている。多くの子どもは、それでも何とか学校に通っているが、この倦怠と離反の気分に、たとえ小さなきっかけであっても何らかの個別の条件が加わったとき、不登校は容易に発生しうると考えられる。これまでの「学校」の権威や「勉強」の価値の自明性の感覚がすでに壊れているからである。

私が指摘するようなこの認識は、現在でも幅広く一般化しているとはいえないが、少なくとも現在では、かつてのように不登校児を無理矢理学校に連れ戻すような試みの逆効果が感知され、子どもが望むならば家庭への出張教師までやって、個別に勉強を見てやるというような、ずいぶん親切な対応がとられるケースもあるようだ。学校の体制のほうがにわかに変わらないかぎり、「学校」的なるものと、それを肌に合わないと感ずる子どもとのミスマッチはすぐには解決しないから、ともかく今日明日の問題をこうした苦肉の策によって何とか切り抜けようとする現場教師の試みはそれなりに理解できる。その努力もまた、たいへんなものであろう。

†子どもの社会的人格の成長には「学校的なもの」が不可欠である

さて、古き「学校」的なるものの体質が問題であるにしても、では、「不登校」は増えるにまかせればよい、なぜならそのほうがかえってこれまでの学校教育の問題点を洗い出していく道につながるし、フリースクールなどの新しい教育システムの発展に結びつくから、といった考え方が成り立つであろうか。そういういわば「自由主義」的教育論も存在しないわけではないが、こういう考え方は、どうも個々の子どもや教師や親の実存的なあり方への視点を欠落させた巨視的・政治主義的に偏した観点であるような気がする。この考え方を是としてしまうと、出張教師はひたすら無駄な努力をしているということになる。

また、学校に通わない子どもを抱えた親の悩ましい心情は、「学校」を絶対的なものと考える意識に拘束されているのだから、そんな心情には根拠がなく、早くその拘束から自由になったほうがいい、などと言えるだろうか。

私は、そうではない、と考える。「不登校」は、やはりまずい現象である。不登校の子どもを抱えた親の悩みのなかには、そう悩むだけのある正当な根拠がある。

不登校の子どもを抱えた親の悩みは、まず表層的には、ほかの子どもたちに比べて勉強が遅れてしまうことへの不安というかたちをとってあらわれる。しかし、ただ単に「勉強が遅れる」ことへの不安にとどまるものならば、それは即物的な対応策で解決が不可能というわけでもない。不登校児を専門に扱う塾、福祉施設、民間の学校など、代替機関がかなりの程度整備されてきているし、出張教師の個別指導の実践をもって、出席日数にカウントするということも文部科学省は認める方向にある。

私の推測によれば、「勉強に遅れる」というかたちをとって現れる親の悩みには、その深層部分に、もっと基本的な危機意識が存在している。それは、子どもの社会的人格としての成長・完成に決定的な支障を来すのではないかという危機意識である。

繰り返すが、現在の「学校」なる組織が、すでにさまざまな意味において制度疲労を来していることはいうまでもない。子どもたちの通学や勉強に対する目的喪失感と学校のこれまでのあり方とのミスマッチは、制度の側からの学校改革と再編の課題として、真剣に追求されなくてはならない問題であろう。しかし、依然として近代社会が作り出した「学校」という概念が、大多数の人々のなかで、現代における「通過儀礼」としての象徴的な意味を担っていることもまた否定できない事実である。

「学校」的なるものは、その形式的な意味合いにおいて、家庭のなかで親の庇護と管理のもとにおかれていた子どもが、さまざまな人間関係の交錯する「社会」という場に自分を投げ入れることによって、一人の自立した近代的人格を形成するための中心的な場所であるという像を確立させている。今仮に、この社会のなかで、「学校」的なるものをまったく取り払い、子どもの知識養成や人格養成を、すべて家庭や地域の職能集団などのそのつどの養育力にまかせてしまうとすると、おそらく、子どもは自分の欲求や能力や意思がどこまでこの近代社会のなかで具体的な意味と価値をもつものとして承認されるかというリアクションを経験する契機を大きく失い、てんでんばらばらな相対主義の混乱がますます露呈するであろう。また、教育の完全な民営化は、頭の柔らかい年少の子どもたちに、おかしなイデオロギー教育や偏った宗教教育を注入しやすくするといった、思想的な危険性もはらんでいる。

「オリンピックは勝つことに意義があるのではない。参加することに意義がある」といったのは、ピエール・ド・クーベルタンであるが、これをもじっていえば、「学校的なるものは、そこで学力を競うことだけに意義があるのではなく、社会なるものへの実感を深めて行くところに意義がある」ということになろうか。もちろん、実際上、オリンピックにおいて「勝つ」ことに大きな意義があるのと同じように、「学校」的なるものにも、そこで学力を身につけ、同じことを学ぶ者たちとの間でたがいに切磋琢磨しあうことには大きな意義がある。だが、それは、それ自体に価値があるというよりは、その集団的な修練の過程を通して、「自分」が、この社会の多様で普遍的なあり方に対してどういう適応力をもち、どういう人生を送る可能性をもった存在であるかということを自覚化してゆくところに究極的な意義をもつのである。

この意義が満たされるためには、たとえ現在のような学校のスタイルが絶対ではないにしても、複数の未熟者が集まり、その共通の未熟性を克服するために過去から伝えられてきた共同体の文化を一緒に学びとる場としての「学校」的なるものの存在が、何らかのかたちで不可欠である。なぜならば、社会的な人格の完成とは、ただ抽象的な個としての成長の達成を意味するのではなく、他者と関係する存在としての「自分」のなかに、それにふさわしいだけの具体的な規範感覚や視野の広さをさまざまな他者との交流を通して内包させることを意味するからである。

不登校児を抱えた親の悩みはしばしば情緒的なものに終始しがちだが、その情緒的な悩みのなかに、こうした理性的な直観がじつはきちんと織り込まれているのだ。

†ひきこもりに逆説的な価値などない

若者のひきこもり現象が最近問題となっているが、これについても同様のことがいえる。ひきこもり現象においては、思春期における不登校や高校中退をきっかけとして、対人関係にかかわる不安やおびえを増大させ、そのままずるずると悪循環に陥ってしまうというケースが多い（斎藤環著『社会的ひきこもり』PHP新書参照）。

識者のなかには、みずからの青年期の孤独体験を引き合いに出しながら、ひきこもることの逆説的な価値を強調する向きなどもある。たとえば、文学をやろうと思ったらひきこもらなければできないといったように。だが、これは二重、三重の意味で、転倒した議論である。たしかに文学者や哲学者として一家をなすには、深く長い孤独の過程をくぐり抜けることが不可欠であろう。しかしそれは、いわば結果論であって、文学者や哲学者といえども、はじめから文学者や哲学者になろうと意図して、みずから作為的にひきこもりの道を選んだわけではあるまい。そういう人は、社会的な自己了解が早期から確定していたよほどの少数者であり、一種の「変人」といってもよい。多くの場合は、文学や哲学が一つの成果として実る以前に、まずこの人間社会や世間のあり方に対する固有の疎外感覚がその主体自身のなかに存在したのだ。どうも、自分のなかには、普通の人間とは違った感性や知性、普通の人間が不思議がらないことを不思議がるような傾向があるらしいことを漠然と自覚するというように。

だれしもその疎外感覚を、それ自体としてみずから是とするはずはなく、彼が文学や哲学の道に深入りするためには、まず自分の疎外感覚を逃れられない宿命として引き受けることが必要だった。そして次に、その解決と克服を、孤独な先人たちの歩んだ道への共感のなかに見いだし、その共感にあくまでこだわりつつ、社会的現実に向かってそのこだわりを投げ返そうとする強い意志を持続させることが必要だったはずだ。だからこそ、ひきこもりの過程そのものが、文学や哲学という一定の「社会的成果」として実を結んだのである。

まして、実際にひきこもっている青年の多くには、そのような格別のこだわりの意志を持続させるだけの「強さ」の持ち合わせなどない。ひきこもりを現に行いながら、それをみずから正しい道、それ以外には自分を生かすことのできない不可避的な道と確信するには、親やまわりの社会からの圧力を柳に風と聞き流して恬然《てんぜん》と恥じないだけの、並はずれた不遜不屈な精神力が必要とされる。だが、そんなことに耐えられる若者などめったにいるはずがない。

彼らは、ほとんどの場合、経済的な生活を親に依存しており、しかもそのこと自体に対する後ろめたさを抱え込んでいる。彼らは、いわゆる世間的な「まともな大人としての自立」が果たせないことを、精神的な欠損と感じており、その欠損感覚を克服できない自分に対するいらだたしさが、余計にみずからを出口のない方向に追い込むのである。なかには、そういう自覚すらもなく、親への依存と甘えに平然と居直って親に暴力を振るう不届き者すらいることを思えば、そうした存在を捉えるのに、「文学にとってひきこもることが不可欠」などという楽天的な議論を持ち出すのは、百害あって一利なしというべきである。だれもが文学者や哲学者になれるわけではないからだ。

ひきこもりを「まずい」と感じる現実感覚は大切である。それは、社会的に見て、何の貢献もなしえない余計者の状態にあるという客観的な視点においてだけではなく、むしろ、本人が、「変わり者」としての自分をきちんと相対化し、その宿命をどのように建設的な方向に転化するかという実存的課題にとって重要なのだ。親に迷惑をかけているという後ろめたさ、自分は無用者で、生きている意味がないというコンプレックスは、そういう状態でもかまわないのだなどという甘い救済のささやき声にいいくるめられるべきではなく、むしろ、後ろめたさ、コンプレックスそのものの直接性として本人のなかに保存されなくてはならない。

ひきこもりを「まずい」と感じる心性は、本人の心理のなかでけっして安易に抹消すべきでない「初期条件」の意味をもつ。それはちょうど、身体的な障害者が、自分の障害をあくまで社会的な労働力にとっての欠損として直視するところからこそ、この現実世界で生きる困難を克服しようとする自立的な意志を発動させることができるのであって、障害それ自体を「個性」であるとか「特長」であるとか見なして自己慰安に陥るべきでないのと同じである。

†子どもが「学校的なもの」を通過する象徴的意味

この項で私は、前項と同じく、人間が社会的存在としての本質をもつことを強調してきたつもりである。「学校的なるもの」には、大人が市民社会の労働に関与することを通してみずからの社会的本質を実現するのと同じように、子どもや若者がそこを通過することを通して、みずからの社会的人格を育て上げる場所としての象徴的な意味が込められている。何度もいうように、それは現状のままで絶対的な価値をもつものとして固定化されて考えられてはならず、私たちの社会構成の変化や、価値観の流動化に即して、その理念や具体的なあり方を変えていかなくてはならない。

しかし、子どもという未熟な実存にとって、その未熟性を克服してゆくことが、重要な生きる課題の一つであるかぎり、彼に、自分がどの程度の社会的成熟段階に達したのか、また自分の社会的成熟とはどんな具体的方向において果たされるべきなのか、という実感と指針を与えるためにこそ、一般的様式としての「学校空間」的なものは必要である。それは今後、一般的な大人社会、市民社会、世間などへの道程がどの子どもにとってもよく見通せるような、開かれた、複線的で多様なイメージをあらかじめ内包したものとなるべきだろう。

【第六問】なぜ人は恋をするのか

†恋愛は結婚にむすびつかない？

この項と次の項では、恋愛と結婚という、一見、たがいに異質に見える二つの問題を連続させて扱ってみようと思う。

個人の自由が尊重される現代の文明社会では、自由に恋愛をすることと、結婚という制約のなかにみずからを追い込むこととは、まったく違った行為、ときには矛盾背馳する行為として感じ取られる傾向が強い。恋愛をし、その結果として結婚するという人生のパターンが、依然として多数を占めるものの、これを唯一のあるべきパターンであると決めつければ、たちまち、「そんなことはない。恋愛をしたからといってそれはただちに相手との結婚願望に結びつかない例はたくさんあるし、恋しい人がいながら、結婚相手としては、さまざまな打算から別の対象を選択するというケースにも事欠かない。また、婚外恋愛、つまり不倫関係も現実には横行しているではないか」といった反論を食らうであろう。

考えてみれば、この、恋愛と結婚の異質性は、何も今に始まったことではない。一八世紀や一九世紀のヨーロッパの宮廷やブルジョア社会を舞台とした恋愛小説などを読むと、女性は十代後半に結婚適齢期を迎え、親や周囲の思惑によってまず有無をいわせず結婚させられることが当然の前提とされていて、恋愛は、それ以降の人生上の物語である事実、つまり不倫こそが恋愛である事実が当たり前のように描かれていることがわかる。また、我が国でも、古くは『万葉集』『源氏物語』の昔から、とくに地位や権力をもつ者にとっては、結婚と恋愛とが別に必然的な連関をもたないことは、自明であったといってもよかった。

現代の社会では、かつて上流階級で半ば公然と認められていたこと（恋愛と結婚との間には必然的なつながりがないと見なされること）が、大衆意識のレベルにおいても当然のこととして公認されるようになったのである。「貞女は二夫にまみえず」の封建道徳や、「永遠の愛にもとづく結婚」を理想とするキリスト教道徳は、自明なモラルとしての力を失い、どうも分が悪いというのが、現実である。そのことが、結婚という制度そのものへの疑問となって噴き出している。

しかし、次のこともまた、否定し得ない事実ではないだろうか。たとえばあなたが、どんな状況であれ、ある人を深く好きになり、その人との結合を強く求めたとき、少なくともその時点においては、その結合がなるべく永続することを願うという観念が生じ、どこかにその観念を保証してくれる生の形式はないものかと思いあぐねるようになる。そのとき、私たちの社会が敷いている結婚という制度を選択することをはじめから一度も可能性として思い浮かべないということはまずあり得ないのではないか。

一夫一婦制はいうに及ばず、一夫多妻制にせよ、多夫一妻制（これはほとんど聞かないが）にせよ、あらゆる人間社会は、例外なく、特定の性愛関係の永続性を制度的・法的に定めようとする志向性をもってきた。これには、いくつかの理由が考えられるが、後に詳しく述べるように、結局は、第二問で展開したような、人間のもつ、みずからの生死に対する時間意識のあり方に還元されると私は考えている。

特定の排他的な性愛（恋愛）関係は、その当事者たちの意識のなかに、何かしら、その関係を社会的に承認してもらうことによって、性愛関係自体が強いる自我の不安定性を解消しようとする傾向をはじめからはらんでいる。たしかに個人的な「意志の自由」は、当事者の条件次第で、いくらでも結婚を選ばない選択肢を採用しうるが、性愛（恋愛）関係のなかには、その本質的な不安定さ[*1]そのものを自己否定しようとする矛盾した運動が内在している。つまり、恋愛と結婚とは、まったく異質で無関係であるとか、相互に背馳する関係にあるとかとは、やはり必ずしも言えないのであって、恋愛的情熱それ自体が、瞬間的な燃焼と、永続的な共同生活への着地との、相矛盾する志向性をはじめからもっているのである。

そこで、次の順序でこれらの問題を考えていくことにしよう。

まず、特定の相手に恋をするという営みには、どんな人間論的な意味と問題が込められているか。次に、私たちが一般に「性欲」という言葉で思い描いている欲望概念には、普通了解されているほどの概念の自立性、一般性が成り立つものなのかどうか。この考察を経た後、では、結婚という制度が、全社会的に定着したことには、どんな根拠があるのか。さらに進んで、今後、この制度が解体してしまうことはあり得るか。あり得るとすれば、人間はそれに代わるどんな性の制度を普遍的なものとして構想しうるか。

†恋愛感情を生物的本能に還元することの問題点

恋の感情の激しさ、その独特さを説明する手軽でわかりやすい方法は、それを、種の永続性を求める生物的な本能に還元する考え方である。生きとし生けるものは、みな生殖活動をすることによって、個体としての時間的限界を乗り越えようとする。開花期を迎えた植物、発情期を迎えた動物は、これをあたかも自分たちの最大の生の目的と考えているかのように、必死になってその活動にいそしむようになる。

よく知られているように、たとえば鮭は、生殖活動を行うために力のかぎりを尽くしてふるさとの川を登りつめ、産卵と射精を終えた後は、身体をぼろぼろにして程なく死んでしまう。その光景のすさまじさに、私たちは同じ動物としてのある種の共通感情を抱くことを禁じ得ず、人間は、愛や恋などと高尚ぶった概念をもてあそんでいるが、しょせんは人間もこれと同じ生殖本能に翻弄されているだけではないか、といった理解で気持ちを落ち着かせてしまうのである。

昨今流行の「人間は遺伝子の乗り物にすぎない」とか、「男と女は、できるだけよい子孫を残すために、それぞれの性的魅力を身体的、文化的に進化させてきた」といった「自然科学」を基礎にした目的論的な人間観は、こうした考え方の最も通俗的な例である。『なぜ人を』にも記したことであるが、ショーペンハウアーも、こういう考え方を代表する哲学者であった。ただ、彼の場合、次の二つの点で、単なる生物学主義的な本能説への還元とはひと味違ったニュアンスを提供している。第一に、彼は、人間にとって、性愛の問題が、すばらしいもの、美しいものと感じられる一方で、卑猥なひそひそ笑いを絶えず誘うような、まじめに論議するに値しない軽蔑すべきものとしてもあらわれる、その極端に分裂した様相

＊1　なぜ恋愛関係が本質的に不安定であるのかについても、これから述べる。

に対する鋭敏な感知力をもっていた。[*2]

また第二に、彼の哲学は、全世界を自覚されない「意志」の実現過程と考える[*3]ところに本領をもっている。彼は、人間は極端に個体性を発達させた生物であるために、性や愛の営みにおいて、この自覚されない「意志」を、単なる種族保存の本能一般としては表現せずに、一人ひとりの個体が、特定の異性に恋いこがれる「観念」や「妄想」として表現するかたちをとるのだと考えた。つまり、全自然の盲目的な「意志」があくまで先行条件であって、それによって恋愛という「観念」や「妄想」が規定されていると見なしたのである。「遺伝子」というような物理的実在のイメージに還元したのではなく、あくまで「意志」という観念のはたらきに性愛感情の根拠を託したところに特徴がある。しかし性愛感情の根拠を意識の外部に存在すると仮定された「構造」に求めるという解釈スタイルにおいては共通している。

さて、これらの考え方に問題点があるとすれば、それは何だろうか。たとえば現象学的な発想からすれば、こうした解釈は、一蹴されてしまう。というのも、現象学では、主体の意識にとって自覚的に了解可能な与件として訪れてこないような「解釈物語」を、あらかじめ本来的・先験的な原理として立てることは、検証不可能という理由で却下されるからである。この場合でいえば、人が「恋愛（性愛）感情」に燃え立っているとき、その人に向かって、きみの感情の根拠は「生物が子孫を残すための生殖本能だ」とか、「意志の個体化したあらわれにすぎない」と「解釈」して見せたとしても、本人はピンとこないであろう。こうした言い回しでは、人間に特有の感情の本質を言い当てたことにはならない。なぜならば、「恋愛（性愛）感情」には、明らかに、動物の生殖本能だけでは説明しきれない人間的特性が見られるし、また逆に、それが「自分はよい子孫を残すために恋愛しているのだ」といった自己了解（目的意識）としてやってくることなどほとんどあり得ないからである。生物学的な解釈や、ショーペンハウアーのような「意志の個体化」説は、人間がその生の基本的条件を、「生物学的自然」というかたちで他の動物と共有するという部分を説明しているだけであって、人間的性愛の特質を「本質直観」するための十分条件とはなり得ない。

この現象学的な立場からの批判は、私もほぼ正しいと認めるが、しかし、その批判によって、今度は新しい難問が生まれてくる。では、いったい、恋愛（性愛）感情における「人間的特性」とは何だろうか。また、なぜ人は、そのような感情にかくも翻弄されるのだろうか。とくにこの後者の疑問に、現象学的な方法ではなかなかうまく答えられないのである。

＊2　ただし、彼自身は、このことをうまく説得しえていない。なお人間の性愛意識のこの分裂した特性に関しては、拙著『なぜ人を』第六問参照。

＊3　これは同時代の思想家ヘーゲルが、世界史を「理性の実現過程」と見なしたことに対抗したものである。

†恋愛(性愛)感情における「人間的特性」とは何か

とりあえず、人間的性愛の特性をアトランダムに洗い出してみよう。

①それは、強い選択性(えり好み性)をもっている。特定の相手の心身の固有性を、まさにその固有性ゆえにめがけるということがなければ、恋愛という概念は成立しない。

②それは、身体的な結合(性交)の志向に対する障碍や禁忌の存在と絶えず相関していて、障碍や禁忌の存在が、かえって感情の昂揚をもたらすことがある。

③それは、身体的な結合によって必ずしも完遂されることにならず(つまり、それがただ生殖の過程になだらかに移行するということには必ずしもならず)、結合の事実が機縁となって、さらに心身のより深い共有を求める欲望を誘発したり、また、その欲望の不一致やそれぞれが背負う関係のややこしさのために、主体どうしの激しい葛藤を生み出したりすることがある。

④それは、「自然超越的」であって、必ずしも異性を対象とせず、また、その快楽の満たし方も多様である。フロイトの言葉を使うなら、それは、「多型倒錯的」である。

⑤それは、①のことが成り立つにもかかわらず、他方では、「性欲」一般という概念を許すようなあり方もしている。人間は、動物のような発情周期をもたず、常に異性をそういう潜

在的な関心の対象として捉える志向性に支配されている（汎対象性）。売春のような事実があるのも、このことを証拠立てている。下世話ないい方をすれば、人間は動物に比べて、はるかに「スケベ」であり「エッチ」である。

だいたいこんなところであろう。これらについて、もう少し解説を試みる。

†「えり好み性」に普遍性はあるのか

まず、①の「えり好み性」であるが、これについては、人は恋愛において、必ずしも普遍的に「美」と感じられるような対象を目がけるとはかぎらないということに注意しておく必要がある。しかしこの問題は、じつはたいへん入り組んでいる。

まず身体の美に関してであるが、人間は、たしかに、身体美に対して、普遍的と呼ぶにふさわしい、一種の「典型」を求める傾向をもっている。どういう男性や女性を美男美女と見なすかという判断には、時代や社会や民族や文化や個人によってかなりの偏差と幅があることも事実であり、文化人類学的発想を好む人は、この「美的判断の多様性」の事実を強調したがるが、それにもかかわらず、足が短かったり、腹が出ていたり、はげていたり、顔の均整がくずれていたり、若さを感じさせなかったり、極端に太っていたりやせていたりするといった身体の特徴が、身体美の判断において不利であるという事実は、おそらくどの社会においても動かしがたく存在する。歴史学者の井上章一は『美人論』のなかで、かつて幼児を対象とした知能テストにおいて、美人と不美人のイラストを並べ、どちらがきれいか選ばせる問題があったという例を紹介し、その「正答率」がきわめて高かった事実を指摘している。

古代ギリシアやルネッサンス期のヨーロッパにおいて、みずから美と感ずる肉体の「典型」を創造する試みや、なぜそれらが美として感じられるのかを幾何学的な比例や均整の原理などを用いて合理的に説明しようとする試みがしきりに行われたのは、すでに、「これが美しい肉体である」という感覚的な判断が、彼らのうちに前提としてあったからこそである。そして、彼らの試みの前提になっている感覚的判断に対して、私たちアジア人種もまた、相当程度共感してしまう部分をもっている(たとえば、ミロのヴィナスに感動してしまうというように)。

もちろん、これを言うと、ただちに次のような反論が予想される。平安時代の「美人」の典型は、絵巻物などで明らかなように、西洋的な美の規範とは似ても似つかぬ「引目鉤鼻」ではないか云々。しかし、それは、ある共同体が閉ざされた文化体系をもっていた時代における、その限界内部での「様式化」の帰着点を意味しているにすぎず(その意味では、ギリシア人の美的規範も、彼らが自分たちの共同体内でそれを追求していたかぎりにおいて等価であるが)、「似ても似つかぬ」とはいっても、やはりどちらも美しいとして許容できる範囲内に収まっている。言いかえると、「引目鉤鼻」も、けっして「変な顔」や「醜女」ではなく、ある民族的、社会的限界内での「身体美」の典型たり得ている。

身体美の規範の相対性を強調するこの種の反論に対して逆に私は問い返したいのだが、もし身体にかかわる美的判断の尺度が、ただ無秩序な多様性にさらされているにすぎないのだとしたら、どうして西洋文化の流入のような情報世界の一大事件が起こったときに、多くの日本人が、美的判断においてこれを捨てあちらを選ぶというようなことをしたのであろうか。なぜ多くの日本人は、西洋人を見て、自分たちの胴長短足や、背の低さや、目の細さや鼻の低さや乳房の小ささに関してコンプレックスを感じたのだろうか。なぜたとえばファッション広告のような大衆文化のレベルにおいて、現在もなお、外人モデルばかりが多用されるのだろうか。一般に何かにコンプレックスを感じるということは、すでにその対象を自分よりもすぐれたものとして認めるという価値判断が前提となっていなければ起こり得ないことではないか。

要するに、人間は、身体美の典型を求めようとする傾向を共通にもつし、しかも、美の規範は文化により多様であるにしても、その多様性自体が、やはりある共通の範囲内に収まっている。*4 そして文化情報が開かれていけばいくほど、その規範の中心をなす圏域といったものが、あたかも権力の集中や共通語の成立のように形成され、人々は、その圏域に向かって意識的無意識的に関心のまなざしを寄せるようになる。たとえば、二〇〇一年九月十一日のテロ事件をきっかけとして、中東イスラム圏の人々の映像が何度も流されたが、あの人たちの顔立ちはその整い方において「平均水準」が高く、概して美しい（と私は感ずる）。読者の皆さんに率直に聞きたいが、あなたは、あのオサマ・ビンラディンの顔を美しいとは感じなかっただろうか。

†恋愛感情の本質は「雰囲気の合致」にある

この議論はこれくらいにしておこう。私がここで本当に言いたいことは、その先にある。人間は身体美の典型を求めようとする傾向を共通にもち、そのことが恋愛（性愛）感情における方向性を指示する力として強くはたらくが、しかし、それにもかかわらず、恋愛（性愛）感情においては、必ずしもこの傾向が選択の主役を占めるとはかぎらない。「蓼食う虫も好きずき」とか「破れ鍋に綴じ蓋」といったことわざがあるように、人間の恋愛（性愛）対象の選択の仕方、つまり相性のあり方は、たいへん複雑である。

ところで、身体美だけが対象選択の決定条件ではないと言ったとたん、この議論を一種の精神主義に引っ張るかたちで同意しようとする論者があらわれるだろう。「そうさ、人間は顔じゃないよ、心だよ」「見た目より中身が大切ね」「たとえ不美人でも心の優しい人のほうがいい」といったたぐいの捉え方である。つまり、恋愛感情においては、「精神的な美、魂の美、心の美」を求めることが決定的であるし、またそれがよいことであるとする一種のプラトニズムの立場である。この考え方では、見た目の価値（身体美）と目に見えない価値（魂の美）とが、あたかも二律背反のように対立的に捉えられているから、そこにきわめて無理をした、禁欲的なにおいが漂う。

私は、こういう単純な二元論の一方に荷担する気はもともとない。すでに述べたように、「身体」とは単なるフィジカルな「肉体」ではなく、それを通して、いっさいの心的なはた

＊4　もっとも、首が長いほど美しいと考えて、首に金属の輪をできるだけたくさんはめたり、下唇が大きいほど美しいと考えて、下唇を拡げるために板を押し込んだりする風習、また日本の「おはぐろ」や中国の「纏足」などのように、今日では珍奇としか思えない風習が世界にはあまた見られる。これらについてどう考えるのかという反論が依然として残るが、私はこれらに対して、風習の特異性は果たして「感性的な美的判断」だけを条件として成立しているのかどうかという疑問を投げかけておきたい。「引目鉤鼻」についても多分に言えることだが、これらを価値の高いものとさせた条件の中には、高貴さ、地位、権力などのような、もう一つ別の社会的な差異化欲求が作用している可能性が高い。「感性的な美的判断」自体がそれらに規定されるのだという再反論もありうるが、正直なところ、いまの私には、この再反論にきちんと応ずるだけの用意がない。ただ、「美的判断はすべて相対的だ」という考え方で思考停止してしまうのでは、どうも腑に落ちない感じが残るとだけ言っておきたい。

らきが表出され、そこにおいて心的なはたらきの意味を相互に読みとり、確認しあうことのできる唯一の「座」である。「人間身体」は、もともとその所作、言動などの表現形態そのものをみずからの概念を構成する要因として含んでいるから、すでにそれ自身がエロス的、社会的な意味をはらんでいる。とすれば、「恋愛（性愛）において重要なのは肉体か心か」というように問いを立てるのではなく、「**恋愛（性愛）感情とは、いったい人間の心身の、どういうあり方をめがけているのか**」と問うことが大事なのだ。

この世の中で経験されることによく目を凝らし、耳を傾けてみよう。じつは、恋愛（性愛）感情というものは、必ずしもプラトンが主張するような、「心の美」とか「美しい魂」とか「美のイデア」を求めるというようなあり方をしていないことがわかる。ときにはそれは、「醜い心」と呼べるようなものに激しく執着することがある。たとえば、保険金を詐取するという邪悪な意図で殺人を犯した男が、社会から孤立すればするほど、その男の固有性に執着してどこまでも行動を共にする女といったケースがそれである。また、メリメの小説『カルメン』におけるように、男を翻弄する悪女とわかっていながら、どうしてもその魅力にとりつかれて追いかけてしまうといった例にも事欠かない。

これらは、別に極端な例ではない。むしろこうした例のなかに、恋愛（性愛）感情の本質が象徴的にあらわれているのだ。また、こうした恋愛（性愛）感情のあり方に対して、それは間違った恋だ、などと倫理主義的な非難を浴びせても無意味である。[*5] じつは、性愛的に見て「いい男」や「いい女」は、十分に、倫理的に見て「悪い男」や「悪女」でありうるのだ。また逆に、その「いい男」や「いい女」と感じさせる要素が、必ずしも肉体的な美に結びつくとはかぎらない。肉体的な「醜男」や「醜女」も、性愛的には十分に「いい男」「いい女」であり得る。人生経験を少しでも積んだことのあるものなら、私のこの判断を認めざるを得ないであろう。

では、こういう場合に、女（男）は男（女）の何に「惚れて」いるのか。言い換えると、**恋愛（性愛）感情は何によって支えられているのか**。私の考えでは、それは、**個体としての人間が相互に醸し出す総体的な「雰囲気」の合致によってである**。恋愛（性愛）感情におけるこの「雰囲気」の合致は、けっして、プラトンが『饗宴』や『パイドロス』で説いたような、「美しいもの、よきもの」一般を求めていく志向というようにイデア化（抽象化、理念化）されない。それはその合致自体が、まさに、感覚や感性を通して確認できる個体どうしの特殊性を媒介にして成立しているという本質的な限界を超えることがないからである。

＊5　悪い男や女にくっついていると不幸せになるだけだから早く思い切りなさいと忠告することは意味があるが。

「雰囲気」といった日本語は、哲学的に考えを進めるには不適切な曖昧さを含んでいると思われるかもしれない。しかし、もしそうなら、それはこれまでの哲学的な言語空間のほうが、人間生活において重要な意味をもっている要素をフォローすることができなかったせいである。私は、ちょうどハイデガーが「気分」とか「気遣い」といった概念を彼の哲学のキーワードにしたように、この「雰囲気」という言葉が、恋愛（性愛）関係の哲学的な分析において無視できない概念として認められる権利があることを主張したい。

結局、当たり前の結論になるが、人間の恋愛（性愛）感情における「えり好み性」とは、人間の個体が、その身体性において、彼（彼女）が生きてきた生の経験の由来にもとづく多様な「雰囲気」を内蔵させ、また発散させている事実に依存している。

その「雰囲気」の中味をあえて立ち入って分析するなら、姿形や所作や言動を通して感じ取られる美しさ、可愛さ、コケットリー、色っぽさ、なまめかしさ、たくましさ、風格、貫禄、やさしさ、几帳面さ（ときにはまた逆にのんきさ）、力強さ（または逆に柔弱さや頼りなさ）、快活さ（または逆に内省的な暗さ）、生活力、積極的な行動能力、趣味のあり方、価値観、知性のあり方、包容力、野性、性的な行為における振る舞い方等々といった、さまざまな要素に還元されざるを得ない。

そしてこれらの要素は、言葉として括ってしまえば、たがいに矛盾するものも含まれているし、また、必ずしも一般的に「美徳」として称揚される要素に収斂するとはかぎらないのである。それは、人間のエロス的な欲望というものが、常に、個体の自由で多様な「観念」や「幻想」を媒介としてかたち作られるからであり、しかもそれらの「観念」や「幻想」が、相手の身体性と自分の自己了解との関係によって作り出される個別的・具体的な「雰囲気」をこそ、その発生の根拠としているからである。

†障碍や禁忌がかえって恋愛感情の昂揚をもたらす

次に②の、恋愛（性愛）感情が常に障碍や禁忌と相関関係にあるという点についてであるが、これもまた、人間的性愛がもつ、逆説的な特徴である。遠く離れていたり仕事が忙しいためになかなか会えない、身分の違いのために許されない、不倫関係であるためにおおっぴらにできない、こうした状況下におかれると、人間の恋愛（性愛）感情は、そのことのためにかえって昂揚することがある。また、バタイユがエロチシズムの本質を、美的に神聖と感じられる対象を侵犯するところに求めたように、相手が自分にとって近寄りがたいエロス的な宝を備えていて、しかもガードが堅いと感じられる場合には、そこに「禁忌」が存在すればこそ、ますますそれを征服したいという感情に支配されることがある。これはとくに男性において顕著な傾向である。「聖女」のイメージ（修道女、女教師、看護婦、制服少女など）

が、しばしばエロチックな情報の素材に使われるのはそのためである。

これらのことはやはり、人間が「個体超越的」な心のはたらきを抱えているからであって、彼（彼女）は、自分の身体のおかれた物理的な限界に満足せずに、みずからの生の可能性を、常にじかに見えないもの、触れられないもののほうにまで拡張して、自分をそこに投げ入れようとするのである。

いま、恋する人にとって外的な障壁の例を挙げたが、じつをいえば、「障碍や禁忌」は、とくに外的な障壁が存在しない場合でも、恋する人の自我感情それ自身の内在的な要素となっている。恋愛が成就していない段階、つまり二人の間に心が通い合っているという実感がまだ得られない状態において、この「障碍や禁忌」の感覚は、彼（彼女）のなかで自己増殖する。片思いに悶々とするという状況がそれである。

いったいに、恋愛感情は、その目標を一人の個別の他者においている。彼（彼女）が恋愛感情の虜にあるとき、その目標である個別の相手は、彼（彼女）の目に、ある絶対的な価値を体現する感覚的対象像として映っており、それに対して自分のほうは、そこになかなか到達できないといういらだちと不安と分裂の感情状態に置かれていて、自我のこの「いらだちと不安と分裂」に過剰なほど親しんでしまっている。それは、人間が、それぞれ「絶対的な主観性」（＝独我論的な視点）の立場から逃れられないからである。人間の身体と心は、共感の構造と志向性を抱えつつも、なお他の主体の心身との完全な合一を実現することができないという、宿命的な二重性のうちにおかれている。

成就の実感が得られていない恋愛感情の状態において、この対象（目標）の価値の確然たる「像」と、自分の側の自我の不安定性との落差の感覚は、自己意識のなかで最高度に高まっている。それは、多くの場合、自分で自分を縛ること、下手に相手に近づいてはならないと感ずること、どう振る舞ってよいかわからない迷いと緊張のなかに突き落とされること、などとして、つまり、どちらかといえば、「行動の抑止」としてあらわれる。すぐに手を出す「プレイボーイ」や、恋愛をあきらめてスケベを自認してしまった「オヤジ」には、この恋愛感情独特の「自我不安」を心理的なリアリティとして実感できない。片思いの心情においてこそ、恋愛につきもののこの「自我不安」は最も端的にあらわれるのである。

ところで、恋愛感情は、神仏信仰に伴う感情とよく似たところをもちつつ、それとは決定的に違う特性をもっている。神仏信仰もまた、その目標の価値の絶対性を前提とし、そこになかなか至りつけない不安の持続を特徴とする。だからこそ、服従の態度と祈りの行為が延々と続けられるのである。しかし、神仏信仰の場合の目標の絶対性は、まさに揺るぎない絶対性として存在していて、その価値が自分をはるかに超越した高みにあるという事実は動かしがたい。*6 これに対して、恋愛の場合に特徴的なことは、その「目標」自体もまた、こちらと等価な「自我の持ち主」だということである。それは、こちらの態度や行動によって、何らの動揺や影響も被らない「神」ではない。恋愛感情を抱えたほうが相手をまるで「神」か何かのように思いなしながら、実際には相手もまた「不安な自我」と「超えられない主観の限界」を抱えたひとりの人間に他ならないというこの事実こそ、恋愛（性愛）が独特の込み入った現象としてあらわれる根拠をなしている。＊7

†恋愛関係は本質的に不安定である

ここからの記述は、③の、欲望の増殖と葛藤の発生という事実を問題としなくてはならない。

片思いの状態は、恋愛感情における「自我の不安」を最も端的に表していると述べたが、しかし別の見方をすれば、それは純粋な「自我の不安」状態、つまりは妄想のレベルに立てこもって、そこに安住してしまっているともいえるわけで、恋愛においては、それがいったんは成就したという実感を満たしたとしても、そこで互いの「自我の不安」が消失するわけではない。むしろそれは、具体的な態度や行動の交錯というかたちで現実化する。

恋愛感情は、相手を神的と見なす「観念」あるいは「妄想」によって始まるが、それは、たがいに現実化された場合には、双方の思い入れの純粋性を相対化する結果を生み、相手の実像と自分の思い描いていた妄想との「ずれ」の意識として跳ね返ってくる。「ずれ」の意識をもたらすのは、互いのエロス的な態度表現や行動である。この「ずれ」を人間はなかなか承服しがたいので、そこから恋愛行動は、一種の心理的な「闘い」の様相を呈することになる。

肉体的な関係を結んでしまうと、短い間に自分の恋愛感情をしぼませてしまう人もおり、逆に、それを機縁として、もっと深い、何か「本当のもの」を強く求めようとする人もいる。相手を独占できたという自己了解が、相手が他の異性に心移りしているように見えることによって、かえって激しい嫉妬感情に転化する場合もある。性愛にからむ嫉妬感情は、相手の全部または一部を独占できているはずだという自己了解を前提としているからである。「ただ可愛い、可愛いといってるだけじゃなく、私があなたとの関係で何を望んでいるかをきちんと見てほしい」「もっと違った仕方で愛してほしい」「あなた、本当に私を愛している

＊6　信仰そのものへの疑いや、棄教への誘惑が兆した場合は別であるが、ここでは、恋愛対象に対する気持ちの冷えを問題にする必要がないのと同じように、それを問題とする必要はない。

＊7　神仏信仰と恋愛との類似性は、それらがどちらも、情緒、すなわち「私」と世界との「開かれ」の直接的なあり方を直撃するという点に求められる。しかし、神仏信仰はその対象が共同体によってあらかじめ造形されたものであるのに対し、恋愛はその対象への志向それ自体が個人のそのつどの「観念」や「妄想」によってかたちづくられるという点が違っている。

の」「おまえ、さっきあいつに色目を使いやがったろう」「こんな冷たい人じゃないと思っていた」「仕事と私とどっちが大切なの」「君の僕への思い入れの仕方は、どうも僕にとって重荷に感じられてきたんだ」といったやりとりは、どの恋愛にもつきものである。人間の恋愛（性愛）感情は、ただの生殖活動への準備過程ではなく、それ自体が、不安な自我の持ち主どうしの「妄想」と「現実」とのずれの交錯という時間的プロセスを包括するために、まことにやっかいな事態を展開させる要因をはじめからはらんでいるのである。だから、恋愛（性愛）関係は、本質的に不安定である。

④の人間の性愛の「多型倒錯性」については、ここでは、多くを語る必要がない。ただ、近現代の知識人好みの「性言説」は、同性愛とか、サディズム－マゾヒズム、異性装趣味、ロリコンなどの、人間の倒錯的な面ばかりを過大に問題にしすぎてきたきらいがあり、それによって、最もノーマルな性愛のあり方そのものを思想的なテーマとして俎上に載せる視線が隠蔽されてきた事実だけを指摘しておきたい。いくら人間の性的趣味が多様であるといっても、マジョリティは、やはり男女が男女としての身体と心性の持ち主であることによってたがいに惹かれ合うというところにある。

†性欲は果たして本能なのか

最後に、⑤の、人間の「性欲」の汎対象性（だれでも、いつでもオーケーというあり方）についてであるが、これは、すでに述べたように、①の「えり好み性」と矛盾している。人は、個別の恋愛（性愛）対象のその個別特性自体に大きな価値をおき、その独占的な所有を求める一方で、そこに性的な機能を満たすに足る他者の肉体があるか、またはあるという空想が成り立ちさえすれば、その対象のさほどの価値を問わずに性行動に踏み切れるという可能性のうちにおかれている。この傾向は、とくに若い男性において著しい。売（買）春、強姦、痴漢、自慰といった営みがこの地上から消えたためしがないのは、このことを証拠立てている。

これは、人間の性愛現象が抱える大きな「謎」である。比喩的に、「上半身と下半身の分裂」と呼んでもよい。しかし、私の考えでは、「性欲」とか「性衝動」とかいった概念は、たとえばフロイトが自然科学的な信念にもとづいて人間考察の出発点としたほどには、自立的、自発的な原理、つまり第一次的な人間本性として措定できないものである。

この私の直観的判断をうまく説明するのは非常に難しいのだが、次のようにいえばわかってもらえるかもしれない。つまり、「性欲」とか「性衝動」とかは、客観的な事物がそこに頑固に「ある」と感じられるのと同じように、人間個体の内部にもともと「ある」ものではない。それはむしろ、性的な他者の現実の存在か、空想された存在によって「誘発」される情緒であって、そのかぎりでは、たとえば、「悲しみ」や「怒り」という情緒が、常に主体の内部に「ある」とは考えられないのと共通している。

たとえば、仕事やスポーツに夢中になっているときとか、戦場や強制収容所やジャングルや病院のなかで生命の不安にさらされて、個体としての自己保存にほとんど関心を集中させなくてはならないとき、人間の性欲や性衝動は、人々が考えるほど一貫して「ある」とはいえない状態に容易になりうる。そういうとき、人は多く、「そんなことにかまっていられない」ものとして、「女（男）のこと」など忘れてしまう。軍隊が「慰安所」などを設けるのは、それが一方の性だけを集めて閉鎖的なシステムを作りながら、常に前線に直面しているのではないような、一種の「余裕のある」生活を長期間強いることが、異性関係の欠落感という幻想を膨らませ、それがさまざまな意味で軍律を乱すと考えられるからである。

またたとえば、永年連れ添った夫婦の間では、もうあまり「性衝動」はわき起こらないのが普通である。しかし、それは一概に「加齢による性欲の減退」としてのみとらえるべきではなく、その同じ夫婦のメンバーのどちらかが、別の異性と接すれば、たちまち新鮮な「性衝動」に目覚めるということがあり得る。バイアグラによって性欲を回復した（と信じた）老人男性が、たちまち妻を棄てて愛人の元に走ってしまったといった、アメリカでの笑えない例もある。

だが「性欲」や「性衝動」は、他方では、「悲しみ」や「怒り」といった情緒とはまた違った、ある強固な潜在的体制として、より普遍的・生理的なかたちで「存在している」かのように見なされやすい面をもつことも否定しがたい。「悲しみ」や「怒り」などの一般的な情緒は、それに対して反省的になろうとすれば、そのつどその原因となる現実的な契機や想像的な契機が明確に意識化できるために、常に偶発的であるという特徴をもつ。これに対して「性欲」の場合には、あたかも人間の第一次的な、しかも動物とは違って時を選ばない、必然的な「本能」であるかのように考えられている。なぜそうなのか？

私の考えでは、**人間の心のはたらきとして第一次的に、そして常に「ある」ものは、「性欲」ではなく、自分が個体としてしかあり得ない事態を、不全な状態として主題化しようとする志向性である。**これを、よりポジティヴな言い方で、自分とは異質な他の個体との同一化をめざすことへの関心と言い換えてもいい。よく知られているように、英語の want という単語は、「欠いている」というニュアンスを持ち、また miss という単語は「……がいないのでさみしい」というニュアンスをもつ。I want you. I miss you.…… これらの語感は、人間の心のはたらきをなかなか的確に捉えているように思う。

またたとえば日本のビジネスホテルのシングルルームには、必ずといってよいほど、聖書か仏典と共に、ポルノ映画のＴＶチャンネルがセットされている。人間は、一人になったとき、そして衣食の面において余裕を感じているとき、個体としての自分がそれだけでは何かが欠落しているという自己意識を持ち、そのことによって、時にはその不安を解消しようとして「自分」をしっかり立てようとする殊勝な心がけに目覚めたり、時にはエロス的な空想に強く誘引されたりするのである。

そして、個体でしかあり得ない事態を一種の「欠落」と感じるこうした志向性において、人間は幼児から成人まで共通している。フロイトは、その共通性を強調したいあまり、「リビドー」という統一的な性的エネルギーの存在を仮設し、それにしたがって「幼児性欲」という概念を設定してしまったが、これは明らかに理論的な誤謬である。幼児の愛情欲求は、その切実さにおいて、成人の恋愛欲求に勝るとも劣らないが、けっして「性欲」という概念で括ることはできない。それは、自己の生命や身体を自立的に維持し発展させていくことにとって、自分は不完全な存在であるという彼らなりの無自覚的な直観に根ざしている。

フロイトは、「幼児性欲」のプロセスに、口唇期、肛門期、男根期などの身体的な快楽部位にもとづいた段階を設定したが、乳幼児の乳房への欲求や排泄の衝動や性の違いに対する興味関心などが、成人男女のきわめて特異でポジティヴな性格をもった「性欲」とまったく質の異なったものであることは明瞭である。

他方、身体の現実的な結合である成人男女の性行為は、一般的な同一化への関心の充足のなかでもことに激しい快楽をともない、しかも必ず相手の感情の昂揚と充足を実感することによってこちらの興奮と充足感もより高まるという情緒的特質をもっている。人間はそのことを強く記憶化せざるを得ず、またその再現を願わずにはおれない。そのきわだった経験的事実の記憶化と再現の願望とが、あたかも「本能」のようにいつも人間は「性欲」に支配されているという観念を支えるのである。

「性欲」とは、ある「追いやられた」概念であり、人間のエロス的な同一化への関心を、成熟した男女にとってのみ可能な、身体的な結合による快楽という線に沿って抽象化した概念である。したがって、それが常に「ある」といいうるのは、そうした身体的な快楽への欲求に結びつくような現実的対象や空想された対象が、観念のなかで生き生きと呼び起こされるかぎりにおいてのみである。

だから、①との関連でいうなら、恋愛（性愛）感情が、その本質としての「えり好み性」を現実的に満たすことができるか、またはいまだ満たされないまでもその標的が自分にとって的確であるとの確信が得られたとき、「性欲」もその対象とかかわって最も高められた状態に達するのである。また逆に、惚れてもいない（「雰囲気」の合致を感じられない）相手との性行為（たとえば買春の多くの場合）や、現実的対象のいない自慰行為は、抽象的な快楽充足の水準にとどまって、どこか味気ないものを残すのである。人々はこれらに、「愛のあるセックス」と「愛のないセックス」といったやや粗雑な区別を施して、それらの価値の軽重に関する苦しい議論を繰り返している。

この最後のパラグラフで述べたことは異論の余地が多く、注釈を必要とするかもしれない。実際上は、自分が本当に相手に惚れているかどうかは、最初の確信としてやってくるとはかぎらず、関係の深まりのプロセスを通して確認されてくるということが多いから、性行為が味気ないものに終わったために、本当は惚れてなどいなかったことに気づくといった時間的な逆転も起こりうる。恋愛（性愛）感情とは、「恋愛する自分」を、相互の心身のやりとりを通して虚構していく、一つの観念的な実践である。

またこの世の中には、「好き者」もたくさん存在するから、不特定多数との性交渉において、いつも同じように充足感を得るというケースもあるだろう。しかしその場合は、要するに「多情」あるいは「淫乱」であるか、そうでなければ、特定の他者との「雰囲気」の合致をめざすべき「恋愛（性愛）感情」に自分を託すことをどこかで無意識にあきらめて、みずからをただ処理すべき「性欲」を抱えた存在として自己規定してしまった結果なのであって、いわば彼（彼女）は、「えり好み性」の要求水準を低いところに定めているのである（これは別に非難を込めていっているのではない。だれもが部分的にはこういう傾向からも免れがたいのだ）。

【第七問】なぜ人は結婚するのか

†結婚は性愛の排他性を社会的に承認してもらう制度である

さて、以上の考察にもとづいて、議論を恋愛と結婚との関係の話に戻そう。

先に私は、次のように述べた。多くの人にとって、恋愛が結婚に結びつく必然性があまりないと感じられるにもかかわらず、人がある人を深く好きになってその人との結合を強く求めたときには、どんな状況であれ、その結合がなるべく永続することを願う観念が生じるから、その観念を保証してくれる生の形式を求めるものであり、その求めのなかで、結婚という制度の選択肢をどこかで想定しないはずはない。そして、恋愛（性愛）関係は、激しい瞬間的な燃焼を志向すると同時に、そうであればあるほど、当の関係の永続的な安定を志向するという矛盾のもとにおかれており、それは、恋愛（性愛）関係というものが、もともと

「神とその僕」「仏様と衆生」のような、安定した絶対性と不完全な自我との関係によって成り立つのではなく、二つの等価な「不安定な自我」を前提として成り立つ関係だからであると説いた。

結婚という営みの意味について私はこれまで他のところでしばしば語ってきたが（『人はなぜ結婚するのか』草思社、『なぜ人を』第五問、などを参照）、その本質は要するに、排他的な性愛関係を社会的に承認してもらうことによって、その関係それ自体の安定をみずからに強く言い聞かせるというところにある。この社会的な承認は、その排他的な性愛関係が、「家族」なる社会共同体の単位を形成していくという時間的な展開を必要条件として要請しているから、労働と法（または共同体宗教）の秩序を根幹とする社会全体にとって、一つの問題解決の意義をもつ。

というのも、性愛の排他性は、それ自体の内部においてきわめて不安定でありつつ、かつ、対外的には、社会秩序の形成と維持にとって、それをそのまま放置したのでは、危険な、暴力的な要素をはらんでいるからである。それは、公的な世界から無限に閉じてゆく可能性をもち、また、嫉妬や確執や葛藤などの情念の嵐に見舞われる可能性を排除できないために、労働や法の秩序を無視してもかまわないとするだけの強い力を秘めている（一九三六年に起きた「阿部定事件」などは、その好例である）。

プラトンの『饗宴』は、「エロス」をどうとらえるかを主題とした作品だが、そのなかに、喜劇作家アリストパネスが演説者の一人として登場する。彼は男と女はもと一体であったのが、その驕慢がゼウスの怒りに触れたために二つに裂かれ、その結果、互いが互いを激しく求めあって、労働にいそしむことも忘れて滅亡の危機に瀕したという神話を通して「エロス」の本質をつかまえようとしている。この神話は、なかなか意味深長であって、性愛と社会秩序との非両立性がよく捉えられている。「あなたさえいれば、ほかには何にも要らない」というのは、深い恋愛感情のさなかにあるときに、人がよく表白する心情である。

公的な共同社会は、この性愛の排他性を公認することによって、その危険性をなだめ、しかもそこから生じてくる子どもの誕生という事態を、親に養育責任を課すというかたちで、みずからの労働と法の秩序のなかに取り込むのである。性愛関係にある若い男女が、「子どもができた」という事実によって彼らの人生選択に大きな転換を迫られ、それによって社会的存在としての自分たちのこれからのありように否応なく関心を目ざめさせられるのはそのためである。

一方、繰り返すように、恋愛（性愛）感情のほうも、それだけを軸として、公的な声にいっさい耳を貸さないのでは、この地上の時間になかなか耐えられない不安定性を抱えている。この不安定性に決着をつけ、なお関係を続けようとするならば、社会的な承認の要求をみずから引き受けて社会との間に折り合いを見いださなくてはならない。

ここに両者（公的な共同社会と性愛関係の当事者）の合意と妥協が成り立ち、「愛する二人」は、結婚という地上的約束を受け入れる。いわば、恋愛（性愛）感情がはらむ「二人だけの永遠世界」という観念を、地上の有限な生における、限定された「永続性」の観念に置き換えるのである。そうすれば、さしあたり、他の性愛的関係の無原則な介入の恐れ（この恐れは、あらゆる恋愛関係に常に内在している）を避けることができるわけだし、また、出産や育児を自分たちに固有の営みとして受け止めることによる地上的生活への根づきが保証されるからである。結婚が必ず何らかの儀式的なものをともない、またそれがめでたいこととして祝福されるのは、公的な共同社会の秩序と性愛関係の排他性との間に、妥協的な合意が成立したからである。

†近親姦の禁止は家族空間を構成する基本的秩序である

日本語に、「身を固める」というたいへんニュアンスに富む言葉がある。結婚という営みは、文字通り「身を固める」行為であって、それは二つの意味においてそうである。一つは、恋愛（性愛）関係が内在的にもつ不安定性を解消して、みずからの生の未来のイメージに一定のかたちをもたらすという意味において。そしてもう一つは、対社会との関係において、みずからが背負う「対」の関係そのものを承認してもらうことによって、その関係が社会的に意味をもつ関係であることを自己確認できるという意味において。恋愛（性愛）関係が時間的に展開したものとしての「家族」とは、すなわち、その社会化の歩みでもある。このように、結婚という制度が、全社会に定着したことにはそれなりの根拠がある。

私はいまこれを、恋愛（性愛）感情の存在と、その本質的な不安定性を前提として説明したが、それでは、たとえばお見合い制度や、まわりが決めてしまう縁組みのように、はじめに恋愛（性愛）感情などがまだ育っていない場合についてはどう考えるのかという疑問が残されるかもしれない。結婚制度は、むしろ、双方の間の恋愛感情の有無などを無視して貫かれる時代のほうが長く続いたではないか、と。

しかし、この場合にはむしろ、一般的な共同社会（世間）が抱く、「成人した男女は結婚すべきもの」という観念の背後に、性愛感情の放恣な交錯は一般社会の労働の秩序を混乱させ破壊するという危機意識が強固に存在するのである。成人した男女は、たとえ彼ら自身がさほどの強い性愛感情に捉えられていなくても、そうした混乱と破壊をもたらす可能性のある存在として、社会から見なされている。そしてもちろん、この「見なし」には、相応の根拠がある。実際、麦畑やオフィスで、特定の男女が、共同の仕事そっちのけでいちゃいちゃし始めた事実を放置しておいたら、「社会」は困るではないか。ロシアの民謡「ステンカラージン」においては、農民運動の指導者ステンカラージンが、一人の娘への愛に夢中になったために組織に乱れが生じ、部下たちのなかに指導者に対する反感が募ったため、ステンカラージンは、断腸の思いで愛する娘を河に投じたという伝説が謡われている。

また、すでに何度も書いてきたことだが(『なぜ人を』、『吉本隆明』筑摩書房、『可能性としての家族』大和書房など)、結婚-家族の形成の制度化には、**近親相姦の横行による秩序の混乱を回避する**という意味も込められている。この場合の秩序とは、家族空間そのものを構成する秩序である。もし近親相姦に何の禁忌も加えられずに、自然的な血縁関係にある者どうしの性愛関係を自由に放置すると、親子とか、兄弟姉妹といった関係の相互認知が安定的に成り立たないことになり、それは、そもそも家族空間を構成する基本的な要素を排除することになる。社会は、新しい世代の生をみずからの労働秩序のなかに組み込んでいくことによってその連続性を維持するのであり、そのために、身近な個体どうしの関係のなかに、それがまさに「家族」として構成されるために必要な「相互認知の構造」を深く埋め込んでおかなくてはならない。そうでなければ、子どもをまともな共同体要員としての「大人」に育てるという、親に課せられた「開かれた社会的機能」が果たせないからである。

近親姦の禁止は、俗に信じられているように、遺伝子の近い者どうしの交配が劣悪な子孫を残しやすいからといった生物学的な理由によって根づいたのではない。そんな自然科学的発想は太古の人間はとらなかったはずだし、また、この事実は人類史のなかで実証されてもいない。現に優秀な子孫を残すべきはずである皇族や王族などは、古代において、かえって「純血」を守るという目的で「叔父－姪」「腹違いの兄妹」といった近親結婚をかなり頻繁に行っている。

†なぜ結婚制度は全社会的に定着したのか

かくして、「結婚」という概念のなかには、子どもを産み育てて「家族」を形成するという可能性が、はじめからその構成要素として含まれており、そこには、特定の排他的な性関係からその不安定性と非社会性のもつ危険を取り去り、社会の連続性にとって意味あるものに仕立て上げるという無意識の意図が織り込まれている。**家族とは、いわば人間のエロス的本質と社会的本質との接点である。**

先に述べたように、あらゆる人間社会は、例外なく、特定の性愛関係の永続性を制度的・法的に定めようとする志向性をもってきたが、この志向性は結局は、第二問で展開したような、人間のもつ、みずからの生死に対する時間意識のあり方に還元されると私は考えている。というのは、次の理由によっている。

性愛関係は、それだけとして抽出すれば、性行為という特定の身体どうしの現実的な結合を核とする「閉ざされた宇宙」の時間的な展開に他ならないが、実際にはそれが持続すればするほど、次世代の生を生み出すという可能性を濃厚にもつことになる。この因果的な事実を深く確信した人類は、「自分たちの産んだ子ども」という観念を通して、個体としてのみずからの有限性をより具体的に自覚し、肯定できるようになったのである。

自分たちはやがて老いて死ぬが、次世代の子どもたちは、それよりも先にある時間を生きることになる。異なる二世代の身体と生命とは、このように、それぞればらばらにしかあり得ないものだが、しかし繰り返すように、人間はそのことをことさら克服すべき「主題」あるいは「気がかり」として、意識の俎上《そじょう》に載せざるを得ない本性をもっている。普通の親が自分の子どもに対して示す特別の愛情は、いわばこの「主題」あるいは「気がかり」が情緒的に表出されたものである。それは、みずからの身体と生命に最も深いつながりをもち、しかも自分自身の生命の限界よりも先の時間を生きうる存在（すなわち、自分の子ども）という物語に託して、個体の有限性という逃れられない事実を観念的に克服しようとする、一種の代償の表現である。

この代償の表現はしかし、代償であるからといって、これに勝って時間の連続に耐えるだけの他の代償行為があるわけではない。

たとえば男女の性愛においては、個体どうしの、強い快楽をともなった心身の結合・合致という物語が、個体の有限性を克服しようとする志向性を支えるが、それは、自分や相手の死、また感情の葛藤にもとづく背離・別離などを処理できるような代償満足を与えてくれるわけではない。したがって、同じ個体の有限性を超えようとする試みとはいっても、その代償の「質」が子どもとの関係の場合とは異なっている。「夫婦といったって、しょせんは他人」というような言葉がしばしばささやかれたり、離婚した夫婦でも、自分たちが作った親子関係だけは、別のかたちで保たれたりするのは、そのことをよく示している。

こうした観念（自分が生み出した存在であって、しかも、自分の個体的な限界を超えうる存在である「子ども」に、特別の思い入れを託すという観念）は、人間社会のなかでたいへん広く共有されうる。そして、この観念を最もよく満たす方法は、自分の生み出した存在を自分が愛情と責任を持って慈しみ育てることができるような生活空間を確保することである。それは、具体的には、「家族」という関係様式を、一個の自立した生活単位として相互に承認しあうことであり、そのような相互承認を、制度的に保証することである。

「家族」をスタートさせるものとしての「結婚」という概念のなかには、次のような人間の観念がその構成要素として含まれている。すなわちその観念とは、自分自身の子どもを心をこめて養育する営みの根底には、個体の有限性を超えようとする意志と感情が動機としてはたらいているという観念である。このことは、連続性を維持しなくてはならない共同社会にとってまことに都合のよいことである。だからこそ、結婚制度は、全社会に定着してきたのである。

†結婚制度、家族制度は永続し得るのか

さて、最後の問題が残っている。結婚制度、家族制度は、果たして永続し得るか。

結婚は、特定の性愛関係の永続性を、社会的な承認の手を借りて、自分たち自身に言い聞かせようとする試みであり、この人と生活を共にして「子どもを作り育てる」などのかたちで自分の人生のイメージをはっきりさせる決断であるから、恋愛（性愛）関係の本質的な不安定性を安定化のほうに導く意味をもっている。それは、いわば「心情」をみずから進んで拘束する一種の「自己契約」である。

しかし他方では、それは、約束の期日までにこれこれの金額を支払うといった普通の市民契約とは異なり、自分の「行為」を拘束するのではなく、「心情」という外にあらわれないものを拘束するだけである。結婚の約束をしたからといって、また実際に結婚生活をしたからといって、相手に対してこれこれの「行為」によって愛を示さなくてはならないとか、相手との間に子どもを作らなくてはならないとかいった具体的な「約定」が交わされるわけではない。

このことは、ただの恋愛（性愛）関係がもつ不安定性とはまた別の、結婚という営みがもつ不安定要因としてあらわれる。特定の結婚生活が事実上安定した永続的なものとなるかどうかは、外面化された「約定」のあれこれの有無によるのではなく、ただもっぱら、本人たちの「心情」的な合意がどこまで持ちこたえるかという一点にかかっている。子どもが生まれることは、合意の破綻に対する強力なブレーキになりうるが、それとても絶対的ではないことは、子連れ離婚が後を絶たない事実からも容易にわかる。

結婚生活を続けさせる心理的要因には、子どもの存在によって開かれる「家庭」という生活空間のもつ重み以外にも、いろいろなものが考えられる。実際に夫婦の相性がよく、「雰囲気」の合致が長く続くこと、相性があまりよくない場合でも、たとえば一方が不倫をしたというような、外からそれを壊すほどの強力な力がはたらかないため、わざわざたいへんな精神的努力を払ってまで、共同生活を壊す気にならないこと、また、とくに女性の場合には、経済的な自立を図ることが難しいため、生活水準を落としたくないという打算がはたらくこと、さらに、家庭をもっているという事実そのものや夫の社会的地位がそれなりに高いことや妻がそれなりに美人であることなどが、対世間的な「通行手形」の意味をもったり、プライドや虚栄心や自分自身のアイデンティティを満たす意味をもったりすること、長く生活を共有してきた歴史が、双方に阿吽《あうん》の呼吸を作り出し、「この相手でなければわからない」とか、「この相手がいてくれなければ困る」という必要性の感覚を養い育てていること、など。

だがそれにしても、個人主義が発達し、一人が食べていくのにそれほど困らない現代の文明社会では、いま挙げた要因のうちいくつかはかなりあやういものとなっていることはたしかである。現に先進国のとくに都市部では、晩婚化が進んでいたり、事実婚と称する籍を入れないカップルが目立ったりする。「結婚願望」そのものはさほど衰えていないが、若い人たちのなかには、相手がなかなか見つからなかったり、結婚に対して「いまいち踏み切れない」という迷いを表明したりする人が多い。周囲が無理矢理決めるという慣習が衰えたため、自分で関係を作り出すことが重荷になっている人もいれば、たとえ華やかなつきあい関係を持っていても、そうした複数のつきあいから、「この一人」をあえて選び出すという判断を下せない人もいる。第三問のところで述べたような、自由主義社会のもたらす「本当の自分」の決定不能性の力が、配偶者選択においてもはたらいていると考えられる。

また日本では、既婚者に関して次のような注目すべき事実がある。一九七五年は、いろいろな意味で戦後日本社会のターニングポイントであったが、この年を境として、結婚後五年未満で離婚する夫婦と、五年以上を経てから離婚する夫婦との割合が逆転し（かつては前者が多数）、それ以降、五年以上の側がずっと六割以上をキープしている。そして現在では、とくに二十年以上を経てから離婚する夫婦の割合がかつてに比べて激増している。

この事実は、次の要因にもとづくだろう。第一に、平均余命が延びたことが、人生にはやり直すチャンスがまだあるというイメージを与えていること。第二に、少子化が進み、子育てが終わった後の人生が長いため、その期間を夫婦二人で過ごす期間として「物語」化する必然性に乏しいこと、第三に、女性が経済的な力を身につけ、「夫に我慢しながら依存する」という必要性を感じなくなったこと、など。

ところで、これらの現象は、必ずしも「結婚」や「家族」の意義を根底から覆すような傾向を意味してはいない。というのは、独身者のなかには、「結婚するつもりがない」という確信犯的な「独身主義者」はそれほど多くなく（一九九七年時点の調査で、七％程度。詳しくは拙著『「男」という不安』PHP新書参照）、いつかは結婚したいと思っているが、なかなかいい相手が見つからないのでやむなく独身でいるという人が圧倒的多数を占めるのである。

また、中高年離婚者が増えている現象は、結婚の経験者が、「もう一通り終えたからいい」とか「結婚なんて一度でこりごり」といった心境になっているところに発生している可能性と、別の相手ができてその相手と再婚している可能性とが考えられるが、両者共に、「結婚」や「家族」の意義一般に対する否定的な思想の表明を意味しない。

さらに、離婚率の増加それ自体も、それだけでは「結婚」や「家族」の意義に対する否定的傾向とは断定できず、再婚率がどれくらいかということとセットで考えられなくてはならない。現に離婚率が高いことで有名なアメリカなどでは、人生に対する態度がポジティヴで精力的で旺盛というべきか、ある結婚に失敗したと考えると、たやすくそれを解消して、また何度でも新しい結婚生活に挑戦する傾向が強い。日本でも、二十歳から三十四歳までの男女の再婚率を一九三〇年と一九九〇年とで比較した統計があるが、両年次では、後者のほうが男女共にずっと増えていて、かつてに比べると、再婚しやすくなっており、「出戻り」で一生過ごすという人は減っているのである（前掲書参照）。

またよくいわれることだが、明治の初期から中期にかけてはいまよりもずっと離婚率が高かった。江戸時代には正確な統計がないが、離縁する人や一生独身で過ごす人は相当多かったらしい。時代が下るにつれて、いわゆる「家庭の絆」が壊れてゆくという感知には、さしたる根拠がないのである。

†「結婚」や「家族」にかかわる新しい秩序様式はどこにもない

巷には、一部に、結婚幻想や家族幻想が壊れたなどと得意げに説いて、「個の自由」という理念を信仰箇条のようにふれ回る前衛気取りの言説がまかり通っているが、よく自分の足元を見ない軽薄な議論である。

第一にこの種の言説は、人間の自由とは、無限定なものとしてはあり得ず、必ず具体的な関係による拘束や制約を通して実現されるものであるということを理解していないし、第二に、人間が一般に、自分の有限な生にいかにして具体的な節目を与えようと工夫と努力を重ねる存在であるかという、その本来的な傾向を無視している。

また第三に、この種の言説は、棄てきれるはずのない性愛的関心が結果として子どもを生み出し、その子どもたちが次世代の人類社会を担うという現実に対する責任をだれが取るのかという問いに答えることを放棄している。さらに第四に、仮に実証的・価値中立的に見たとしても、こうした言説が基盤としている時代認識、状況認識は、いま私が示したように、彼らが吹き回っているほどには正しくない。

繰り返すように、人間は、「個」としての有限性を強く問題として意識する存在であり、そのため、必ず共同的な関係を求める。「結婚」や「家族」という営みは、その「求め」の最も重要なあらわれとしての性愛（恋愛）感情がもつ本質的な不安定さを、社会的な承認の手続きによって安定化させようとする試みであるが、その試みも、むろん絶対的な安定を保証するわけではない。しかし、そこには、西部邁が強調するように、「人類史数千年の知恵」が無意識的に折り畳まれている。

その知恵とは、第一に、性愛関係の閉じられたあり方とその暴力的な不安定性を、開かれた公共体の承認を通して、一定の安定した型に転換すること、そして第二に、その関係の時間的展開から生じる新しい生命を社会の一員として組み込む責任を当事者に課すことによって、当事者の人生そのものの具体的なイメージを明確化させることである。

人はだれでも、「私は自分が拘束されるのはいやだから結婚しない」とか、「私は子どもは嫌いだからほしくない」とか「この結婚はどうも失敗だったようだから解消したい」とか、「ほかに好きな人ができてしまったから、そっちといっしょになりたい」などと表明し、実践する自由をもっている。だが、「結婚制度は人を抑圧的・奴隷的環境におくから廃止すべきだ」とか「家族は権力の悪を支える基礎的なシステムだから壊れたほうがいい」などと普遍的に語る権利を持っていない。なぜなら、そういい得るためには、人間のエロス的な関心と欲求と情念の展開に対して、「結婚」や「家族」に代わるどういう新しい秩序様式を提供することによって社会と折り合いをつけるのかという構想を呈示することが不可欠だからである。そして、そのような構想は、今のところ存在しない。プラトンが『国家』において開陳したような、「子どもは生まれたらすぐ親から引き離して社会が育てる」という構想や、ヒッピー的なコンミューン思想が好んで取りたがる「性愛の相手の自由な共有を認める共同体」といった構想は、歴史のなかでその惨めな失敗がすでに検証済みである。

【第八問】

なぜ「普通」に生きることはつらいのか

†人生は苦悩に満ちている？

「この世は業苦である」とか「人生は苦悩に満ちている」といった思想がある。こういう捉え方は、なぜ一定の説得力があるのか。それは、人生を実際に送ってみると、事実そうとしかいえない実感が襲ってくることがあまりに多いからだと考えられる。

　これは、たとえば、絶え間ない戦乱によって家族を失い、家を焼かれ、住むところも食うものもない状況に投げ出されたとか、ひどい差別や侮辱に見舞われたとか、「善良なる意志」をもって懸命な努力を重ねたにもかかわらず、まったくその努力が報われずに、思っても見なかった災厄や失敗や挫折を経験してしまったとか、一心に愛情を注いだ相手が死んでしまったり、その相手に裏切られたりしたとかいった、目に見えるような悲惨で不幸な体験を重ねた人にのみ当てはまる実感ではないだろう。

私たちは、とくに目立つような不幸体験を背負わず、ごく平凡な人生を送ったとしても、「生きることはつらい」という実感を抱きやすい。早い話が、いまの日本人は、経済的な成功を収めて、世界でもまれにみる治安の良さと長寿を誇る平和で豊かな近代社会を作りあげたにもかかわらず、その後、生きる目標の喪失感と心の空洞感に襲われ、どの顔を見ても元気が感じられず、あまり幸福ではないようだ。

†経済不況は不幸感情の決定要因か

もちろん、ここ十年以上にもわたって先に光の見えない不況が続いているからだという社会経済的な説明は、私たちの不幸感情を説明する手っ取り早い一つの「解釈」である。だがそれは、むしろ因果関係が逆ではないかというのが、経済に暗い私なりの、日頃の持論である。私の素人判断によれば、経済の動向は、諸個人の心理をまず前提とし、かつそれによってあるかたちをとったマクロ的な状況が今度は諸個人の心理に影響を及ぼすという循環関係にある。ニワトリが先か卵が先か。どちらから始めても同じことだが、やはり論理的な順序としては、諸個人の心理（欲求や意志）のほうを出発点とせざるを得ない。

そもそもマクロ的な経済の動向とは、諸心理の複合が諸心理そのものを超越してしまうという事実の、最も見えやすいあらわれである。人はそれぞれ、経済的な行動の意志を決定するのに、自分のふところぐあいや自分のやる気にのみ依拠するのではなくて、常に自分自身を超えた経済的な「客観情勢」なる観念を作りあげ、まるでそれを気象情報のように一種の「自然現象」として対象化したうえで、それにもとづいた「判断」に依拠する。「いまはそれをやってもだめだ」とか「いまこそ決断の時だ」というように。これは、哲学的に考えるなら、特定の身体および主観が世界とかかわるときに、ある絶対的な個別的観点、ある偏った角度からのパースペクティヴ性を逃れることができないという原理からして、当然のことである。

ところが、だれもが例外なくそうするほかないので、いったん雲行きが怪しいという「情報」が主流を占めるやいなや、経済的な行動判断は大きくそれに影響され、危機意識や警戒感にもとづく一定の縮退を余儀なくされる。

企業のリストラや倒産が相次ぎ、失業率や中高年自殺者が増加し、不良債権の処理もままならず、株価も低迷し、設備投資もさっぱり行われないといった昨今の現象は、おそらくよくいわれるように、個人消費がこれ以上伸びない（財布の紐が固い）ことに主として起因しているであろうが、個人消費が伸びないのは、根本的には平均的な諸個人が、自分のいまの状態を何かもっときらきらしたものに変えたいという前向きの欲求をもっていない（新しい夢をはぐくむに足る「欠如」を骨身にしみては感じていない）からで、それに、「雲行きが怪しい」という情報がさらに拍車をかけるからである。

商品やサービスの供給が需要に依存していることはいうまでもないことだが、需要のほうも、供給のあり方に依存している。「性欲」について述べたのと同じように、ごく基本的な自己保存にかかわるものを除けば、欲望とは諸個人のなかにもともと確固として「ある」ものではなく、現実に提供されたメニューを通してしか具体化されないものだからである。結局、普遍的な貧困の問題をそれなりに解決してしまった先進文明諸国では、大量の人々に共通していると考えられる新しい夢や欲望をかき立てるような、しかもそれを明確に商品経済のルートに乗せ得るような、「モノやサービス」の開発の余地が頭打ちとなっているのだ。その結果、みんなが守りの姿勢からなかなか脱しようとしない。日本では、一千四百兆円もの個人金融資産（赤ちゃんも含め、国民一人あたり一千万円を超える）がストックされ、個人消費としては有効にフローしていないという実態がそのことをよく示している。

要するに、日本人の多くは、大して水準の高い生活条件を手にしているわけではないにもかかわらず、ともかくもそれなりに「衣食足りて」いるために、新たに生き生きと、ぎらぎらと自分を活動させることに飽きているのである。おとなしくまとまりたがる国民性も関係あるかもしれない。

もちろん、このようにシニカルな心理分析をしてみたからといって、このマクロ経済の不活性状態と個人欲求の縮退との悪循環の関係が好転するような方向を指し示せるわけではない。今後、仮にデフレスパイラルが進んだとき、さらにどのような深刻な危機が待ち受けているのかは、おそらくだれにも予言できない。経済学者や政治家たちの「終わりなき論争」のていたらくがそれを象徴的に表している。

人間の社会では、刹那的・無自覚的な行動と計画的・自覚的な行動との間、また何かをなしたこととその結果との間に常にタイムラグがともなう。だから、深刻さがより深まって、どんな人にとってもこれでは放っておけないという感覚が切実なものになったときに、諸個人がどのような仕方で重い腰を上げるかが、未来を決定するとしかいえないであろう。

†宗教は現代人の不幸感情を救えるか

経済の話はこれくらいにして、本題に戻ろう。いずれにしても、人間の生き方には、それが一見波瀾に富むものであろうと平凡なものであろうと、不幸感情がつきものである。「この世は業苦である」という認識は、それなりに正しい。しかしただそう観じたからといって、そこから逃れられるわけではないし、それを克服する一般的な原理が導き出せるわけではない。大切なのはまず、どのような意味で人生が「業苦」であり、それは人生のどんな構造に由来するのかということをきちんとたどってみることである。

すでに第二問の項で述べたように、あらゆる宗教は、生にともなう不条理感覚を、どのように無害化するかという動機に裏付けられて成立する。この不条理感覚を構成しているのは、すべての人間は死を免れないという事実、清く正しく生きているつもりであるにもかかわらず解決不能な理不尽に出くわすことがあるという事実、また、とりたてて理不尽に出会わなくても、対人関係が貧しかったり殺伐としていたりするために、孤独感や自我の不安から逃れることができない事実、などである。

しかし宗教は、いずれも「人生の意味づけ、価値づけ」の軸をこの世の外や人知を超越した存在におこうとするので、人間の生そのものに対する論理的な理解を提供するものではない。たとえばパウロが作りあげたキリスト教の教義は、人類の「原罪」という仮説に立ち、神の遣わした一人子イエスが十字架上で非業の死を遂げることによって、すべての人間の罪をあがなって下さったという「物語」を提供する。そして、この合理を超えた「物語」を核として、神の恩寵に報いるためにこの地上において「愛」の精神を一心に傾けるなら、その者たちの前に救世主が再来して「神の王国」に迎えられると説く。

このように、宗教は、ともかく合理ではなく情緒に直接訴えて、存在を実証できない「見えない他力」によって安心立命の境地を提供することで解決を図ろうとする。だから、情緒的な満足で解決できる人にとってはありがたいものだが、現実的・理性的に物事に接し、「見えない他力」に頼らず現世の範囲内で合理的に物事の解決を図ろうとする人にとっては、どこまでも不満と飽き足りなさを残すのである。そして幸か不幸か、近現代の文明社会は、精神の秩序が「世俗化」し、「見えるもの」のみに信をおく人々が増えてしまった時代であり、社会である。

†そもそも「普通に生きる」とはどういうことか

ところで、平凡に、普通に生きることに不幸感情がなぜつきまとうのかの理由は、それほど自明ではない。そもそも、「普通に生きる」とはどういうことであろうか。

それは、いうまでもなく、生活様式としては、すでに一定の秩序を作っている人間社会のただ中に生まれ、その秩序を学びつつ育ち、一定の仕事を選択し、適切な配偶者を見つけて子どもを生み育て、やがて老いて死ぬことである。だが同時に、「普通に生きる」とは、単にかたちとしての生活様式を意味するばかりではなく、ある精神的な態度をとり続けることをも意味するので、それがどんな態度を要求するものであるかということに言及する必要がある。

「普通に生きる」ためには、第一に、家族、親族、友人、恋人、知人、近隣者、などとの私的な関係を、「自分」を構成する不可分の要素と見なし、それらを大切に思う「誠実さ」がなくてはならない。

また第二に、自分の仕事が自分にとって意味のあるものであると実感できるために、他者一般からの承認の声をたえず聞き取らなくてはならず、そのためには、他者に及ぼした表現や行為が、ほかのだれでもなく自分自身の表現や行為であるという社会的な「責任」の能力を保持しなくてはならない。

さらに第三に、日常性というものは、同じことばかりが繰り返されるという退屈と倦怠の感覚を必ず強いてくるものであるから、その感覚に耐えるための「目的意識」を構成しなくてはならず、また同時に、その目的意識がどう考えても色あせて見えるときには、臨機応変に生活の気分をリフレッシュするのに必要な「意欲」をもたなくてはならない。

最後に、日常生活には、人間関係や仕事における細かな憂慮や心配がつきまとうので、それをいちいち処理しなくてはならない。そのため、人はとかく息苦しい隘路にはまり、容易に「より広い世界」を展望することができなくなりやすい。そこで、自分がはまりこんでいる隘路から抜け出すにはどうすればよいかという反省的な「知恵」がたえず要求される。

さて、これら――「誠実さ」「責任能力」「目的意識と意欲」「知恵」――をキープすることは、じつはなかなかたいへんなことなのである。というのは、まず第一に、たとえ自分を取り巻くさまざまな私的関係を大切にする「誠実さ」一般を心の構えとしてもっていたとしても、特定の関係に対する誠実さを貫くことが、他の関係に対する不誠実さとして現象してしまうことがあり得る。

たとえば、ある恋人との関係を実りあるものにしようと思ってその人との関係をまじめに追求することが、家族の反対に出会い、それを説得できずに深刻な葛藤を引き起こしてしまうというようなことがある。またたとえば、ある友人のためを思うことが、他の友人に対する裏切りにつながるといったこともある。さらにたとえば、複数の子どもをもつ親は、兄弟姉妹に対して公平な態度を演じることがとても難しい。嫁姑関係がこじれているとき、間に立つ男は妻と母のどちらの側に立てばよいのかといった問題もよくお目にかかる。

要するに、人間関係はそれぞれ欲求や価値観や立場の違う個人が作る複雑な網の目として構成されているので、あちら立てればこちら立たずという局面に立たされることがじつに多いのである。

第二に、「責任能力」を保持するといっても、具体的な社会的行為においては、その程度、範囲、境界、取り方について、必ずしもあらかじめ明確な合意があるわけではなく、ことがまずいほうに進んでしまってから、はじめて「責任」の所在が取りざたされることが多い。法的に実効性のある契約が事前に存在するような場合や、犯罪性が明瞭であるような場合はむしろ例外であり、これらの場合ですら、決着のつかない訴訟が延々と続けられることを見れば、「責任」の概念自体がきわめて未確定で曖昧なものであることが納得されよう。

この根本的な理由は、やはり、一人の個人の社会的行為というものが、常に他人との共同行為の側面をもっているという点にある。たとえば、部下が犯した失敗に対する上司の責任はいかほどのもので、いかなるかたちでそれを雪《すす》げば責任を全うしたことになるのか。いじめの現場に居合わせていて、それを黙認していたものの責任の有無についてはどうか、等々。

第三に、日常性の反復に対する退屈と倦怠に耐えるための「目的意識」とリフレッシュの「意欲」についてであるが、これもまた、言葉通りの態度を貫くことが難しい。それは、「目的意識」とか「意欲」といったものが、個人の内面から自動的に生じるものではなく、常にその個人のおかれた私的、公的な関係の状況によって規定されるものだからである。

「目的意識」は、自分が現に何かにかかわっていることに対する「いい聞かせ」であり、一種の「自己暗示」である。何の目的意識によっても意味づけられないような現在の流れに人は耐えられない。

たとえば、外国旅行をするための金を稼ぐという目的意識があれば、毎日の仕事はそれによって意味づけられて、単調な作業にも耐える力を生み出すが、ドストエフスキーがシベリア流刑の実体験にもとづいて書いた『死の家の記録』で描き出したように、こちらの桶の水をあちらの桶に移し、それが終わったらまたあちらからこちらに移すといった、何の目的も感じられない行動の繰り返しを強制することは、囚人の心を簡単に狂気に追いやることができるほどの拷問である。

またたとえば、冷え切った夫婦関係を毎日続けることはそれ自体としては耐え難いことだが、子どもをちゃんと育てて大人にするという長期的な目的を自分にいい聞かせることが、しばしば惰性化した夫婦関係を何とか保たせる役割を演ずる。

人間はある目的の初期設定が、現にとっている行動やその行動にともなう気分との間に、大きな乖離を生んでいないかどうかをたえず気にしている。それというのも、設定された目的が達成されるのは不定の未来であり、行動や気分のほうは、常に現在に親しくつきまとっているからである。設定した目的があまりに遠大であったり、自分の能力や適性や興味に見合っていないと感じられる場合、この乖離感覚がただちに忍び込んできて現在の行動に対する不安やむなしさや自信喪失をかき立てる可能性がある。

そこから、日常性の反復に耐えるためには、あまり先のことは考えないで、手近なところにそのつど目的や意味を見つけられればよしとするという逆説的な「庶民の知恵」も生まれてくる。何か具体的な必要（たとえばさしあたりこの子を食わせなくてはならないといったような）にかまけて、仕方なくこれをせざるを得ないと自分を納得させながら日常の時間を埋めていくことは、人間にとって一種の救いでもあるのだ。

それにしても、そのように、大きな目的や小さな目的をそのつど設定しつつ、時にはそれに修正や変更を加えて気分をリフレッシュしながら、日常性がもつ反復的性格に立ち向かうというのは、波瀾万丈の劇的な人生のように目立ちはしないものの、それはそれでたいへんな努力を要する。なぜなら、人間は、身体というこの小さなものを中心にかたち作られる現実的な関係から逃れられないが、他方、未来の可能性として描かれる自分を設定することによって現在の自分のありようを意味づけるという「ロマン的本性」を彼から奪い取ることもまたできないからである。

最後に、隘路から抜け出すための反省的な「知恵」をもつことも、言葉でいうほど簡単ではない。自分でこうしようと決めても、まわりはこちらの思惑通りにそうやすやすと動いてはくれないし、関係や仕事の領域を広げるための決断に踏み切るには、その可能性がある程度希望の感情と共に見えていなくてはならない。しかし、そもそも自分が隘路のなかであがいているにすぎないからそこから脱却すべきだという自覚が、隘路のなかにあるゆえにこそなかなか訪れてこないのである。

人間は過去の記憶から自由になれないので、かつての失敗や挫折の経験が今日を生きる生活気分に影響を与えるし、逆にかつての幸福感や躍動感の記憶がいまのせせこましい自分の生活を堕落した惨めなものとして彩る要因になることもある。「貧すれば鈍する」という心理は、精神的な「貧」の状態にもそのまま当てはまるので、概して日常経験の累積がもたらす慢性的な憂鬱気分は、「知恵」の発動そのものを制御してしまう。「誠実さ」「責任能力」「目的意識と意欲」「知恵」――これらの徳は、「普通に生きる」ことにとって欠かせないものだが、まさに「普通に生きる」ことにともなう生活時間の流れの特質が、それらの徳を生かすことを困難にさせるのである。

以上のように、「普通に生きる」ことには、それ特有のつらさと困難がつきまとっている。現代のマスメディアや教育理念は、「個性的に生きる」といった打ち上げ花火をしきりと放つが、大多数の人々は「普通に生きる」しかないのであって、そうである以上、打ち上げ花火にばかり見とれるのではなく、むしろ「普通に生きる」ことにともなうつらさと困難を直視しなければならない。

†宗教に代わる精神医療の役割

「普通に生きる」ことは常に「不幸感情」や「虚無感情」の固定化に落ち込む危険と隣り合わせにある。ことに現代社会では、はた目には明確なきっかけがあるとも思われないのに、鬱気分や精神的失調に悩む人が多く、精神科医の存在が大きくクローズアップされるまでになっている。精神的失調をはっきりと示さない場合でも、現代では、個人が「自分ばかりが不幸に思える」といった過剰なルサンチマンや、「何となく体調や心の状態がおかしい」といった不定愁訴を抱えやすい。

精神医学は、これらの事態に対応すべく、「ボーダーライン」とか「アダルトチルドレン」とか「多重人格障害」とか「PTSD」とか「自己同一性障害」とか、その他何々症候群などとやたらラベリングをほどこして分類整理を試みている。これは、素人目にはその必然性がよく見えず、専門家のいうことだからまあ聞き従っておこうかと思うしかない。しかしメディアが社会的な事件報道などに即してこうした「病名づけ」を増幅して伝え、「あなたももしかしたら」といった調子であおるので、かえってだんだんばからしく思えてくるところもある。

もちろんこうした分類整理の試みには、それなりの臨床的モチーフがないわけではない。そのモチーフとは、私の見るところでは、次の二つである。一つは、機能的な要請からくる。現代の精神医療は、保険制度にもとづき、投薬による治療を中心的な柱としているので、多様な症状群に対して一定の分類を施し、それにもとづいて診断を下せなければ、保険が適用できず、また不適切な薬を投与してしまう危険があるからである。

そしてもう一つは、「精神医療」という枠組みそのものにかかわる、もっと根源的なモチーフである。つまり、現代の精神医療は、あくまでも人間個体を客観的対象としてとらえる科学の体裁を取っているので*1ある症状や悩みを、外側に客観化された「名辞」として確定しなければ、治療者どうしの間で患者に対する理解を共有できず、また治療者たち自身の権威が保てないという要請である。

さて問題は、この後のほうのモチーフである。じつは「病名づけ」は、治療者どうしの理解の共有や治療者の権威の維持という効果を持っているだけでなく、患者たちや患者予備軍自身にも大きな効果を与える。よく聞かれることだが、最近の患者の多くは、自分が何という病気であるのかしきりと知りたがり、専門家から病名をつけてもらうと、「ああ、自分はそういう病気だったんだ」と納得してかえって安心するという。

この現象は、いささか滑稽とはいうものの、よくうなずけるところがある。心の問題、実存的な問題においては、本当は明瞭に「病気」というカテゴリーに自分が当てはまるのかどうかはそれほど自明ではないはずだが、人は、その自明ではないというアイデンティティ不安に耐えることがなかなか難しいのである。

＊1　実際の臨床実践においては、たとえばカウンセリングのように、そのことの限界や欠点を補完するような個別的対応がとられているが。

私の理解では、一般に「病気」とは、個人がある心身の内的な異変の表出を根拠に、社会からその社会のモラルを共有することを免除される状態を指す（詳しくは拙著『これからの幸福論』時事通信社参照）。したがって、自分がこれこれの「病気」であると名指されることには、ショックがともなうと同時に、明瞭な余命宣告でないかぎりは、必ず一方で、ある「救われた」ような感情がどこかにともなう。というのは「病気」であることがまわりから承認されるなら、自分が「働かなくてはならない」とか「元気に人とかかわらなくてはならない」といった規範感覚から解放されるからである。あなたは、幼少年時代、「風邪で熱があるから今日は学校を休んでもよい」といわれたとき、ほっとした覚えがないだろうか。

こうして、現代では、分類整理学的な精神医学が幅を利かせ、人々もその事実に大きく依存している。そしてそれにはそれ相応の社会構造的な理由がある。一言でいうなら、この現象は、近代社会が、身分社会的な強制力から個人の生を解放すると同時に宗教の強力な支えを失ったために、個人の実存不安、対人関係不安が大きくなっていることを象徴する現象に他ならない。いわば精神医療は、かつての宗教に代わる役割を担わされているのだ。そしてそれは、やや過大な役割期待というほかはない。

だが、このことを簡単に片づけずに、もう少し詳しく見ていこう。

†近代政治と近代科学では個人の感情をフォローしきれない

近代社会は、諸個人の精神的な秩序を支えるのに、宗教に代えて、二つの大きな柱をうち立てた。それは政治と科学（実証的学問）である。

近代以前の伝統社会は、身分制社会であった。そこでは宗教的な観念は、ある共同体の支配や統治と不可分の関係にあったから、身分制の秩序を自明のものとして人々に受け入れさせる補完物（イデオロギー）の役割を果たしていた。

たとえばヨーロッパでは、近世にルネサンスや宗教改革が起こり、ローマ教皇のような宗教的権威が世俗を支配することに疑問が突きつけられ、やがて絶対君主制が成立することによって、しだいに宗教的権威からその世俗性が奪い取られるようになった。絶対主義は、宗教から切り離された近代政治の確立を準備したのである。

日本では、この「政教分離」はヨーロッパよりも早く、平安時代の後期から遅くとも鎌倉時代の武家政権の成立ぐらいまでには実質的に果たされていたと考えられる。しかしまた日本では、その国民性があまり物事を論理的、実証的に考えることになじまなかったためか、情緒的な世界像の構成に関しては、文学、美術などにおいて独自の深まりを見せたものの、自然科学の発達は、それほど普及しなかった。これに対して、ヨーロッパでは、ルネサンス以降、物事を徹底的に対象世界の客観性という軸で考える発想が発達し、コペルニクス、ベーコン、ガリレイ、ケプラー、デカルト、ニュートンといった天才たちが次々に輩出した。これがその後の産業の興隆から生まれた技術とうまく結びついて、自然科学という強力な知的権威を確立するに至った。

一般に共同社会は、諸個人の生がぶつかる困難の解決を、その時代に見合った精神的な秩序の枠組みによって図ろうとするが、近代文明社会において、その主役を果たしてきたのが政治と科学（実証的学問）である。しかしいうまでもなく、この二つの柱は万能ではない。

政治は、ある集団に共通した問題、集団と集団との利害の不一致などを、公的に承認された権力によって現実的に処理するための技術であるが、それは、たとえば女にもてないとか、夫婦の不和とか、子どもが親のいうことをきかないといった個人的、私的な悩みに応えてはくれない。

また科学は、問題のあり方をあくまで客観的な方法で解明し、人間の形而下的な生活一般の水準を高めることに大いに貢献するが、死とか愛とかいった実存的・情緒的な問題に応えることをやはり苦手としている。一九世紀以降、社会科学や心理学のように、自然科学の方法をそのまま人間自身の活動や心に適用しようとする努力が続けられたが、実態は依然として成功しているとはいい難い。いまだに宗教が広く求められるのは、そのためである。

近代政治と近代科学は、もともとこのように、必ずしも人間の問題をフォローしきれるわけではないのだが、しかし、それらはこれだけ定着すると、私たちの生活世界にイデオロギーとしての力を強力に発揮する。私たちは、理性的人格の持ち主としてたがいに対等にかかわるという近代政治の建前を一応踏まえざるを得ないことが多いので、ある私的な欲求や不満を共同意志として集約し、政治問題として立ち上げようとする。たとえば、貧困から脱したいと思ったら、貧困者を集めて労働組合を作ったり政党を作ったりするし、騒音に悩まされていたら、プライバシーの侵害という一般概念を作って法の裁きに訴えようとする。

また、生活の不便さや困難を感じたときには、それを解決するために科学（実証的学問）に頼って、原因を実証的に調べ、その克服のための技術的な創意工夫を生み出すことをめざそうとする。

このような知と実践の習慣に私たちはすでに数百年慣らされてきているので、あたかもあらゆることが政治的に解決でき、あらゆることが科学的に解明できるような錯覚に安易に浸りやすい。つまり、近代が生んだ政治と科学という二つの「客観精神」の所産は、かつての宗教に代わる、一種の「信仰」のようになっている。したがって、この「信仰」では自分の悩みを解決してくれないという実感が強まるとき、その反動で、今度は個人の「不幸感情」がよけいに高まるのである。

近代政治といい、近代科学といい、小林秀雄の言葉を援用するなら、しょせんは人間生活の全体をあるアングルからすくい取ろうとした「様々なる意匠」の一つに他ならない。そしてこれらの意匠は、いずれもその素材を、だれの目にも明らかなかたちで客観化された事象に求め、それらを公平、中立な立場から比較し、そこに見いだされた差異を計量可能なかたちで評価するという原則によって成立する。「客観的な比較」と「計量可能な評価」が成り立つためには、その素材がとりあえず平等に採取されていなくてはならない。近代政治や近代科学にとって、ある素材だけが神聖で絶対的な特権や価値をあらかじめもつことはタブーである。つまりその建前上、「神」があってはならない（実際には近代政治権力も近代科学も、何らかの「神」的な精神的権威を必要としているが）。

私たちは、じつは日常的にもこれらの近代的意匠に精神の鋳型を規定されていて、自分と他人を平等な、相対的な存在として捉え、それにもとづいてたえず自分自身を比較と評価の視線のもとにさらすような心性を培っている。だれも、どんな集団も、自分と相手との関係を絶対的で動かしがたい本然のものと信じていないから、実際に超えがたい差異に直面するとき、それを大げさに不当であると感じたり、小さな格差に敏感になったり、不安や嫉妬や羨望にさいなまれたりするのである。現代において訴訟や精神医学がはやるのは、私たちが、みずからの実存をみずから他者との「比較」と「評価」のまなざしのもとにおいて捉えるという、政治と科学がもたらした知的感覚的な秩序態度のうちに、過剰に客観的な真理性を求めようとするからである。

だがニーチェが喝破したように、ほんとうは「客観的真理」などというものはなく、あるのはそれぞれの種や集団が自分たちの都合のいいように作り出したさまざまな「解釈」だけである。近代政治や近代科学の方法精神の前提にあるのは、人間が人間自身に施したそれなりに有力な一つの「解釈」であって、私たちの実存的な生の全体が、常にそれからこぼれ落ちるものをもっていることも忘れてはならない。

†不幸感情をどうすれば克服できるか

では、私たちは、「普通に生きること」がもたらすつらさ、不幸感情をどうすれば克服できるだろうか。これは最も難しい思想的な問いの一つといってもよい。

もちろん、今説いてきたように、政治的な力や科学の力に過度の期待を寄せずに、それらの守備範囲がもともとどこからどこまでであるかをきちんとわきまえておくことがまず第一に要求されるだろう。たとえば、小さな個人的不遇感をやたら他人や社会のせいにし、「人権侵害」といった政治的概念でこれを捉え、衆を恃《たの》んで国家その他の公共機関にその解決を求めるとか、何でも「心身のストレス」と解して身体医療や精神医療の力に安易に依存するといった現代の風潮は、あまりよい傾向ではない。もちろん、明らかな不遇や不当に対して人ははっきりと声を挙げるべきだが、最後に頼れるのは自分自身であるという矜持の念もまた大切である。

しかし、こういっただけで「普通に生きること」のつらさそのものが払拭されるわけではない。いや、もともと「普通に生きること」にともなうつらさそれ自体は、けっして払拭されることはないと腹を括ったほうがいいだろう。

有名なアルベール・カミュの小説『異邦人』では、主人公のムルソーは、養老院で死んだ母の葬式にクールな態度で臨んだ翌日、旧知の女と出会って同衾《どうきん》し、また、最近つきあい始めたばかりの、親友というほどでもないやくざな友人レエモンのつまらぬ痴話げんかに巻き込まれて、何の憎しみも感じていないアラブ人を拳銃で殺害し、法廷でその動機を問われ、思わず「太陽のせい」ともらして失笑を買った末、死刑判決を受ける。処刑の日を待つ間、独房に司祭が訪れ、「罪を悔い改めよ」としつこく迫るが、ムルソーは頑として聞き入れず、司祭のしつこさについに堪忍袋の緒を切らして、その八方破れの思いを一気に吐き出す。

……私はといえば、両手はからっぽのようだ。しかし、私は自信を持っている。自分について、すべてについて、君より強く、また、私の人生について、来たるべきあの死について。そうだ、私にはこれだけしかない。しかし、少なくとも、この真理が私を捕えているると同じだけ、私はこの真理をしっかり捕えている。私はかつて正しかったし、今もなお正しい。いつも、私は正しいのだ。私はこのように生きたが、また別な風にも生きられるだろう。私はこれをして、あれをしなかった。こんなことはしなかったが、別なことはした。そして、その後は？　私はまるで、あの瞬間、自分の正当さを証明されるあの夜明けを、ずうっと待ち続けていたようだった。何ものも何ものも重要ではなかった。（中略）他人の死、母の愛――そんなものが何だろう。いわゆる神、ひとびとの選び取る生活、ひとびとの選ぶ宿命――そんなものに何の意味があろう。ただ一つの宿命がこの私自身を選び、そして、君のように、私の兄弟といわれる、無数の特権あるひとびとを、私とともに、選ばなければならないのだから。君はわかっているのか、いったい君はわかっているのか？　誰でもが特権を持っているのだ。特権者しか、いはしないのだ。他のひとたちもまた、いつか処刑されるだろう。君もまた処刑されるだろう。人殺しとして告発され、その男が、母の埋葬に際して涙を流さなかったために処刑されたとしても、それは何の意味があろう？（窪田啓作訳）

このあとムルソーは力つきて眠り、目覚めたときに星の光を感じながら、魂が洗われたような気分になり、これまでの自分の人生を「幸福であった」し、処刑を待つだけの今も「幸福である」と思う。

「無意味な殺人」を犯したムルソーの、一見傲慢そのもののようなこの激しい叫びは、いったい「生」についてのどんなメッセージを語っているのだろうか。

ムルソーは、殺人犯であり、死刑囚であるから、もちろん「普通に生きた」のではない。しかし、この小説におけるアラブ人殺しという筋書きは、ドラマとしては衝撃的効果を持っているものの、ある思想を伝えるというモチーフから見れば、「普通の人間一般」の免れがたい生と死の運命をどのように自己了解したらよいのかということを端的に示すために、意図的に採られた文学上の設定にほかならない。

せりふからうかがえるように、人は、さまざまな生の可能性をもち、あのように生きたいとか、こんなふうに生きたかったとかあれこれ思いをめぐらすが、じつはある一つの生き方しかできない。そしてその事実を、結局はだれのせいにもせずにみずから引き受けなくてはならない。ムルソーが「私はこの真理をしっかり捕えている」というときの「真理」とは、人はみな一筋の宿命を生きて死に至るほかはないという普遍的な真実のことであり、「あの瞬間、自分の正当さを証明されるあの夜明け」とは、自分の生が終わりを告げることがはっきりする瞬間のことである。

また彼が自分に認める「正しさ」とは、もちろん「太陽のせい」にした犯罪行為の公的な「正しさ」などではなく、もう一つの「正しさ」、つまり、自分は自分があるように忠実に生きるほかなかったという「正しさ」、どんな神や他人も評価や裁きや意味づけをそこに施すことのできない、ある一つの実存そのものの「正しさ」のことである。

彼は、死刑に昂然と服することでけっして何ものかに「許される」わけではない。「許される」とは、自分の実存を、それとは必然的な関係を持たない何らかの他の「意味」に譲り渡すことだからだ。ムルソーは、だれもが一つの宿命によって選ばれた特権者であって、特権者しかいはしないのだが、そうであることによって、結局どの生も他から選ばれた特権的な生（とくに意味ある生、神に近い生）ではあり得ず、かえってすべての生は無意味で等価であるといっている。そのことをまず認めよ、そして、意味をむなしく求める前に自分の実存をそれ自体として肯定せよ、それが不幸感情を克服する第一歩である。なぜなら、後悔や不安や他への羨望やルサンチマンや生きる自信のなさは、どこか別の場所に今の自分の生とは違った生の意味や原理が存在するはずだとか、あのときのあれがなかったなら私はもっと幸福だったはずだとかいった観念から発生するからだ――おそらくカミュがムルソーという、この一見特異なキャラクターの表白に込めたメッセージはそういうことである。

†カミュ『異邦人』は人生そのもののすぐれた寓意である

だが、こんな反論が頭をもたげるかもしれない——そんな態度を貫くことができるだろうか。それは結局、どんなつらいことがあっても運命としてあきらめろといっているに等しいのではないか。たとえばムルソーは、女から「私を愛しているか」と尋ねられると「それは何の意味もないことだが、おそらく愛していないと思われる」と応じ、求婚されると「それは何の重要性もないことだが君が望むならいつでもそうしよう」と答える。また上司からパリへの栄転を勧められると「結構ですが、生活というものは似たり寄ったりだし、ここでの生活は少しも不愉快ではないから、どちらでも同じことだ」と答える。なんと投げやりで虚無的で夢のない話ではないか。こんなのは少しも「普通」ではない……。

たしかにこの主人公が世界の文学愛好者たちの目を大きく見開かせた原因の一つは、こうした「未来に何の夢も希望も持たないニヒリスト」的な態度に見られる、一種逆説的な「かっこよさ」にあったといってよい。それが、無神論の時代における選ばれたアンチヒーローとして孤独な知的青年たちの間に熱狂的な共感を呼んだのだ。

だが私は、次の三つの理由から、この主人公は、ただの「ニヒリスト」的アンチヒーローではなく、むしろやはり「普通に生きる」ことにいかに耐え抜くかということを示唆するだけの資質を備えた、一つの「人間典型」として差し出されていると考える。

　第一に、文学に登場する人物は、作者のある意図によって虚構され、誇張された人格像であり、このばあい、おそらくカミュの意図は、今述べてきたような、「生全体に外側から意味を与えようとするよりも前に、まずおのれの実存に忠実に生きよ」という最終的なメッセージを導くための伏線として、一種の「変わった」人物イメージを強く印象づけるところにあった。

　第二に、子細に読むと、ムルソーはけっしてただの無気力者ではなく、母の葬式には一応ちゃんと出向くし、仕事はきちんとこなすし、同僚とふざけて楽しんだりもするし、拘置されている間も女への愛着を保ち続けるし、かかわり合った隣人にはきわめて親切に対応しているし、友人への義理人情も大切にしていることがわかる。つまり、自分の身のまわりの生活を愛し、個人としてのマキシムを頑固なほど守って生きるという、「普通の人間」がもつべき属性を十分に備えた男なのである（詳しくは、拙著『人生を深く味わう読書』春秋社参照）。そしてその属性ゆえに、物事にふらふら動揺しないある種の「強さ」を秘めている。

　そして第三に、この作品では、最終的に、引用したようなかたちで、ムルソーに「生についての自分の思想」を思い切り語らせることによって、読者に不思議な解放感と感動を与えることに成功している。なぜこの思想表明は、解放感と感動を与えるのか？　それは、私たちが「普通の生」を耐えながら送っていることのなかに、こうした実存的発想によって無意識に支えられている部分が確実にあるからにほかならない。カミュは、無意味な殺人による死刑という特異な書き割りを用いて読者の目を引きつけたが、それは、私たちの生一般に潜む普遍的な問題、「やがて必ず死すべき存在」「無意味で虚妄に思える生」という自覚を繰り込みつつ、なお現在の自分を充実させて生きるにはどうすればよいのかという問題を凝縮させて呈示する一つの「極限的な試み」だったのである。すぐれた文学は、人生そのもののすぐれた寓意である。

†人生は「だめもと」と心得べし

私たちは、意味の感じられない生に耐えることができない。そしてたしかに「普通に生きること」のなかには、あまりにもそういう無意味感を強いてくる契機が多い。しかし、『なぜ人を』第一問でも語ったことだが、人生全体にあらかじめ与えられた意味があると考えることは、明らかに虚妄である。「意味」や「目的」の観念とは、もともとかぎられた生活行動のなかで、いかにそのつど自分を充実させるかという動機にもとづいて設定される意識のはたらきである。だから、大事なことは、人生全体の意味や目的をむなしくその外側に探し求めるのではなく、与えられた条件にしたがって、そのつど自分を充実させ得るような意味や目的をうまく作りあげることである。

人間の不幸感情の発生と継続には二つの機序がある。一つは現実的な災厄や理不尽が彼を襲うことであるが、もう一つは、自分自身が人生全体に過剰な意味を求めることで、こちらは人間のやっかいな本性に根ざしている。

人間は、自己の来歴の記憶からたやすく逃れられず、狭い日常的関係の枠から脱出することもなかなかかなわず、またことに近代社会では、他人との比較や評価にかかわる不安からも自由になれない。そしてそのことによって、挫折感、失意、後悔、怨恨、憎悪、嫉妬、倦怠などのネガティヴな感情をいたずらに増大させることが多い。

ムルソーが死刑判決を受けながらも、自分の人生を「幸福だった」と感じたのは、彼がこのことをよくわきまえていて、不幸感情をいたずらに増大させるような精神態度からかぎりなく無縁な生き方をしていたからである。それは、つらいことを運命としてあきらめるというのとは、少しだけ違う。与えられた条件そのものを自分自身の条件として引き受け、生活と観念の不釣り合いな落差をできるかぎり切りつめる生き方である。

不幸感情はどうすれば克服できるか。この難問に、私などが賢者ぶって名答を与えることなどできないが、現実的な災厄や理不尽に対しては、力の及ぶかぎり闘いつつも、そのうえで、その不幸感情が、自分自身の過剰な意味追求の動機から発しているものではないのかどうか、よく見極めることが大切であろう。人生は「だめもと」と心得る、といったらいいであろうか。

【第九問】
国家はなぜ必要か

†戦後日本人にはなぜ国家意識が希薄なのか

これまで、人間の生の問題を、主として個人的、実存的な関心のあり方を軸にして考えてきた。続く二項で、では、その個人にとって社会的共同体がどうあるべきかという観点に軸を移して生の問題を追究してみたい。

このことを考えるに当たって、まず思い至るのは、国家と呼ばれる共同体が、今の日本人の多くにとって、一人ひとりの日常的な生活実感からかけ離れたものと見え、よきにつけ悪しきにつけ、それを「自分の問題」として切実に引きつける動機に乏しいように感じられるという事態である。

この理由は、戦後の日本がおかれてきた状況という特殊な面と、文明社会が複雑な社会システムを発達させてきたという各国共通の面、また人やモノや金や情報など、目に見える形而下的な部分での国境を越えた交流が発達し、その量とスピードがかつてないほどに増大した国際社会のあり方の面などから、さまざまに指摘できる。

周知のように、日本は、アメリカとの戦争に大敗を喫して後、占領軍の草案になる「平和憲法」なるものをおしいただくことになり、他方、圧倒的な大国であるアメリカとの深い政治的軍事的同盟関係に支えられることによって、その安全と平和を維持してきた。しかし、この成り行きは、半世紀以上たった今でも、のどに引っかかった骨のように、国民としての日本人に明確な主権国家としての自覚を与えない後遺症を残している。

日本を武装解除したはずのそのアメリカは、わずか数年後には、東アジアに勃発した朝鮮戦争という「熱戦」を契機に日本に再軍備を迫り、日本は「警察予備隊」を発足させ、四年後にはこれを「自衛隊」と改称して、実質的な軍隊をもち、「交戦権の否定」をうたった「日本国憲法」との間にだれが見ても明瞭な矛盾をさらすことになった。歴代の保守政権は、この矛盾が顕在化するたびに、そのつど憲法の拡大解釈という「ごまかし」的な対応を繰り返してきた。それは、政権担当者にとって、対外的には冷戦構造の枠組みのなかで、アメリカとの協力関係、依存関係を最重要視せざるを得ず、また国内的には、あの敗戦の記憶があるかぎり、「もう戦争はごめんだ」という国民感情を尊重せざるを得なかったからである。

さらに、中国などアジア近隣諸国の思惑にたえず配慮しなくてはならなかったという事情もあろう。これらの条件を考えるなら、保守政権が繰り返してきた「ごまかし」的な対応は高級な知恵とはとてもいい難いが、しかし何とも仕方のない、現実的な知恵であったというほかはない。

†戦後日本の呪縛の構造

一方、戦後の思想界、言論界の主流を占めた進歩主義知識人や親ソ連的な知識人たちは、「かつての日本帝国があんなにひどい戦争をやってしまった」という情緒的な思いだけを唯一のよりどころとして、「戦争を引き起こす国家」にともかく批判の態度を貫いて反体制的な立場を守り抜くことのみが自分たちの良心の証しであると考え、その立場から、国民の厭戦感情や伝統的な「お上」嫌いの感情を、観念的な平和思想やソ連が掲げる「社会主義」の思想へと組織化することに終始した。

だが、彼らには、じつはその深層に、アメリカに対するアンビヴァレントな感情が渦巻いていた。というのは、あの「帝国軍隊の暴走が引き起こした」戦争を終わらせて日本に民主化と平和をもたらしたのはアメリカであり、そのアメリカが作ってくれた「平和憲法」は何としても守らなくてはならないものであるという彼らの価値観と、アメリカに大敗したという日本人としての屈辱感、反米感情とは、たがいに両立しがたいものだったからである。彼らは、それを心理的に調整しなくてはならなかった。そのためには、現実に国家権力を握る保守政権を、常に旧帝国が犯した過ちをそのまま継続しようとする「悪者」と規定して、アメリカの悪（たとえば過剰な本土爆撃や原爆投下や東京裁判の欺瞞性など）をなかったことにし、その攻撃の矛先をもっぱら現存の政権や国家そのものに向けるというのが、最も手っ取り早い道であった。

たとえば一九六〇年に進歩派や左翼の領導によって起きた「反安保闘争」を支えていた精神は、彼らのアンビヴァレントな心理が露呈した端的な例であった。六〇年安保改定は、実際には、日本のアメリカからの相対的な独立を保証する性格のものであったにもかかわらず、そのことをきちんと認識できる知識人はほとんどいず、これは再び民衆を世界大戦に巻き込む核保有国のアメリカに隷従する日本政府の「悪」であるという情緒的な位置づけだけを運動論理としていた。当時ソ連のスターリニズムの巨悪は、まだほとんど普遍的な認識となっていなかったから、左翼の運動家たちは、当然、この情緒的な反応を利用した。冷戦構造が崩壊し、社会主義の巨大な失敗が明るみに出た今では、この進歩主義的左翼的運動を支えた最も大きな動因が、じつは屈折した反米感情であり、一種の反転したナショナリズムの情念に他ならなかったことがあきらかである。

このように、戦後の言論界の主流を占めてきた進歩主義知識人の大半は、空想的な平和論や、共産主義信仰を楯にして、現存の国家体制を批判、あるいは否定することにのみその情熱を傾け、そのことにもっぱらみずからのアイデンティティを求めたため、彼らの本来の役割であるはずの、国家とは何か、国家を超える思想は本当にあり得るのかという原理的な問いに正面から向き合うことを回避してきた。そういう思想的イノセンス（＝無傷、無垢、幼稚さ）が許されたのも、戦後の日本が、実際の戦争や内乱や露骨な国家干渉に巻き込まれずに、ひたすら経済成長に邁進することができたからである。そしてそれができたのも、米ソ二大超大国の力の均衡の狭間で、アメリカの安全保障戦略に依存しながら何とか国家としての体裁を保って生き延びることができたからである。そこにはまた、地理的な条件も含めて、さまざまな僥倖が重なっている。別に「平和憲法」の精神を日本人が積極的に生かしたからではない。

最近、ようやくこうした戦後日本の呪縛の構造をきちんと相対化できる論考（たとえば心理学的手法を用いた岸田秀の一連の仕事や、佐伯啓思の『国家についての考察』飛鳥新社、など）があらわれ、国家について知識人がまともに向き合うべき必要が喚起されているのはたいへんよいことである。

しかし、知識人が戦後日本の歪みや呪縛から脱却すべき必要を痛感して日本国家論や国家原理論の構築に努力を注いでも、それだけでは残念ながら、このマス社会での影響力に限界があることもまたたしかなことであろう。それはいつの時代にもそうだったといえる面もあるが、はじめに述べたように、現在の私たちの社会には、やはり正当な「国家意識」を希薄化させるような要因がいくつも潜んでいることも見ておかなくてはならない。

†「国家は必要か」を自分に突きつける動機に乏しい現状

皮肉なことに、日本が戦後、曲がりなりにも平和と繁栄を維持し続けたことによって、日本人総体としての国家意識は緊張のゆるんだ、あってなきがごときものになってしまった。それには、今まで述べてきたような、戦前、戦中の経緯からの反動現象としての極端な国家アレルギー（国家不信、国家すなわち悪であるとする考え方）という、いわば「頭」の部分での作用が関係しているのは疑いないが、もう一つ射程に入れるべきなのは、近代社会の成熟にともなう個人主義の発達という、いわば「体」の側面である。私たちは現に毎日生活していて、「国家」の実体的な姿、像といったものへの直面を迫られることがあまりに少ないのである。

私が知人に、どういうときに国家を意識するかと聞いてみると、だいたい税金を取られるときとオリンピックがあるときと選挙があるときという答えが多い。これは素直な反応であって、ことほどさように「国家」は、私たちの日常意識のなかで軽いものとなってしまっている。もちろん、連日報じられるさまざまな国内政治や外交問題、犯罪事件の捜査、裁判などのニュースによって、私たちは、あるヴァーチャルな意識の水準で、常に「国家」の存在を印象づけられてはいる。とくに、昨年（二〇〇一年）から今年にかけては、不況下における小泉内閣の誕生とその圧倒的な支持率、靖国参拝問題、アメリカでの多発テロとその後のアフガン問題、イスラエル・パレスチナ紛争、東シナ海域における不審船の出現とその撃沈、北朝鮮拉致疑惑における新たな証言の出現、外務省をめぐる一連のごたごた、瀋陽総領事館における、中国武装警官侵入事件など、「国家」の内外の行く末について国民の意識を喚起させられる事件が多かった。

だがそれでも、自分が実際にそういう問題の領域に直接かかわらないかぎり、その意識と生活行動との具体的な接点はなく、そもそも「国家は必要か、必要とすればいかなる意味においてか」といった問いを切実なものとして自分に突きつける動機に乏しいというのが、多くの日本人の現状であろう。

これは、近代文明社会のシステムが複雑に発達して、人々の生活がそのシステムに支えられているために、個人や個々の家族の生活活動の領域がおおむね自足した円環的な構造を保っていられるからであって、それはまた、近代国家としての日本がそれなりに成熟した秩序を維持し得ていることを物語ってもいる。つまり「国家」はさしあたり国民の私生活に対しては黒子役に収まっていて、庶民一人ひとりの私的生活に生々しく土足で踏み込んできたり、また庶民一人ひとりが本当にその存亡の危機克服のために立ち上がらなくてはならないと感じさせるような状態にまでは立ち至っていないのである。

むろん私生活領域に危機や問題がないなどといっているのではない。いちいち例示する煩に耐えられないが、人間生活の危機は私たちの周辺にいくらでも転がっている。しかしそれらは、その解決や克服の手段の多くをまた、細分化され多様化された私的・公的な諸機構に負うほかないものであり、国家そのものとの直接的な関係を意識させるというところにまではなかなかいかない。

このように述べると、おまえは、国家というものを政府機構と混同している、国家とは単に政府機構という外的な「実体」ではなく、私たち一人ひとりに宿っていて、私たちの実存をそのつど規定する歴史的かつ内在的な共同観念なのだといった「国家本質論」的な反論に出会いそうである。

私もこの反論を全面的に認める。だからこそいま国家を問題にしているので、国家とは何かについては、私なりの論理をこのあと展開する。しかしとりあえずここで指摘しておきたいのは、それにもかかわらず、日本の国民の平均的な意識にとっては、「国家」の存在が遠く感じられるという現状があり、それはどういう要因にもとづくのかという問題をしっかり見つめておかなくてはならないということである。そうでなければ、仮に今後「国家」という共同性をどういう基本イメージのもとに構想してゆけばよいのかといった問題を立てるにしても、その方向性がつかめないことになろう。

†形而下のグローバル化は国家の不必要を意味しない

国家に対する意識の希薄化を促しているもう一つの要因は、はじめに述べたように、人、モノ、金、情報といった形而下的なものの流れが国境を越えて極度にグローバル化し、その現実を現実として認めなければ、もはや人々の生活自体が成り立たない状態になっていることである。だが断っておかなくてはならないが、そのことは、国家の不必要をいささかも意味しない。それどころか、形而下的なもののグローバル化は、かえってますます国家という共同性がきちんとしたものとして存立しなければならないことを要求する。というのは、たとえば二〇〇一年九月十一日の多発テロ事件が、形而下的なもののグローバル化を前提としてのみ起こり得たことは明白だからである。

形而下的なもののグローバル化は、人間の善なる部分も悪なる部分もひっくるめて、多元的な交錯空間を生み出す。それは至る所に利害の衝突を発生させる可能性を開くし、また異文化が容易には宥和し得ないものであるという自覚を促す。それはそれ自体としては、何ら地球人全体の共存を保証するものではなく、むしろ逆に、無秩序なカオス的状況を作り出すので、各国が相互破壊の泥沼に陥らずに共存を維持するためにはいかなる精神的な秩序についての共通了解をうち立てなくてはならないかという課題を世界的な規模で強く提起するのである。なぜなら、西洋に、「ミネルヴァの梟（知恵の象徴）は日暮れてから飛ぶ」ということわざがあるように、形而下的なものの交流は、たがいに欲求を満たすという人間の本性に従ってまず無意識的、自然的に行われてしまい、それについての知恵や理性が確立されるのに常に先立つものだからである。

したがって、ある特定の文化的な価値の共有空間としての意味をもつ「国家共同体」は、おのれの自己保存と自己防衛のために、まずみずからが主体的にカオス的状況に対して新しい秩序を構想しなくてはならない。現に、世界各国、各地域は今、このカオス的状況に対する知恵をさまざまなかたちで案出すべく悪戦苦闘を重ねている。その結果、EUのように文化的理解や経済的利害を共有できる範囲で大きくまとまる方向を模索する地域もあれば、ソビエト崩壊後の各国独立や、チベットやバスク地方や北アイルランドやパレスチナ自治区のように、より小さなアイデンティティをよりどころにまとまろうとする地域もある。この二重性が世界の現在である。

†私たちの実存は国家に二重の意味で規定されている

私たちの実存は、好むと好まざるとにかかわらず、じつは国家という公共体によって深く規定されている。それは顕在的と内在的との二重の意味においてそうである。

顕在的な意味とは、私たちの生活（生命、身体、財産、およびそれらを用いた具体的活動）の安定が国家の存在によって保障されている事実を指す。

まず私たちのさまざまな自由と人権は、法という明示化された表現によって形式的に守られるのだし、私的な争いによる社会的な関係の危機は、諸法を現実的に執行する行政機構によってその解決が図られる。また社会的な関係の一時的破綻は、司法機構の裁定によってその調整と回復と改善の道が模索される。さらに、生活住民にとっての共通の敵の不法な介入や強制や侵略や簒奪《さんだつ》の危険に対しては、外交組織や軍事組織や警察組織によって、その抑止が実行される。また国家は、諸個人の生活権の行使を具体的に豊かな力あるものとするために、教育機構によって、未成熟な者たちに対して、共同体の成員としての資格を得させる平等な機会を与えたり、貧富の極端な格差がもたらす社会の不安定を避けるべく福祉機構によって富の再分配を行ったりする。

これらの顕在的な必要が満たされるために、国家はまず、その内部の諸個人や諸集団の私的な欲求や利害や力を超越した「公権力」でなくてはならない。この超越した公権力（特権を持った政治体）としての国家が、どのようなかたちで公認されるかについては、歴史上、君主制、貴族制など、さまざまな形態をたどってきたことが確認できるが、近代社会においてはどこでも、実質的には民主制の立場をとる。

民主制とは、共同体を構成するメンバーの各人がそれぞれ理性的な意志を備えた対等な個人であるという一応の前提（フィクション）にもとづいて、その各人が公権力の直接的な担い手を公認するための手続きに平等に参加するスタイルである。民主制は、衆愚政治に陥りやすいとか、政治的決断がなかなかできないなどのさまざまな問題を内部に抱えているが、現在のところ、この体制を超えるうまい知恵は見あたらない。

しかし、いずれの体制を取るにせよ、顕在的な意味での国家が、市民社会の諸力を超越した特権的な公権力であるという事実は変わらないのであって、この条件が満たされなければ、右に述べたような諸機能は一つも達成されず、国家は国家としての体をなさない。そしてそうなれば、ホッブズのいう「万人が万人にとって敵であるような戦争状態」が出現することは疑いない。まず、この意味で、国家は必要である。

†国家はなぜ「領土」としての連続性を持つのか

国家が私たちの実存に対してもつ内在的な意味とは、それが、個体の生の時間的空間的な限界を超えた歴史的な観念としての「まとまり意識」を基礎として成り立っており、このまとまりを構成する要素には、私たちが一人のまともな社会的人格であるために必要な条件の多くがあらかじめ含まれているという事実である。

なぜ、ある国家は国家としてのまとまりをもつに至ったのか。その理由を考えるには、国家というものが、信託統治領や植民地などの場合を除いて、ほとんどどこでも、「一定の域内に囲まれた領土」という地域的な連続性を保っている事実を入り口にするとわかりやすい。なぜ地球の諸地域は、ここは日本、ここはフランス、ここはイギリス、というように、国境によってはっきりと色分けされていて、飛び地というようなことはめったにないのか。

それは、ある特定の地域の住民の生活意識が、地理的な近さという自然条件に支えられて特別に深い交流の歴史（紛争の歴史でもある）を積み重ね、それによって、共通の感情、共通の価値観、共通の慣習、共通の宗教、共通の言語など、要するにその地域だけの特色を備えた伝統的な共同観念をもつに至ったからである。もちろん、比較的最近になってから、諸利害の対立の調整という意識的・作為的な理由で国境線を定めた例は数多くあるし、アメリカ合衆国やスイスやカナダのように、宗教や民族や言語の違う多様な人々によって国家が形成されているきわめて人工的な色彩の強い国家の例もある。しかし、それらとても、国境の域内におけるある共通の観念によって結びつけられ、運営されていることには変わりがないのである。

それなりに安定した国家における共通の感情、価値観、慣習、宗教、言語などは、もともとその土地に住み着いていた人々が、細かな差異を抱えながらも、大まかなところで一括りにできるような生活意識を共有していたことを根拠にしている。それは、その土地の気候や風土などの自然条件に依存する面が強かったプリミティヴな時代には当然のことだったと思われる。そのなかで、全体をまとめ上げるだけの経済的、知的、物理的な力を蓄えた特定の勢力が、統治と支配のための権力を確立し得たのである。

統治と支配が多少とも長続きするためには、一般民衆のこの伝統的な生活意識の共有が基盤として存在することが最大の利点としてはたらくのであって、まったく何の縁もない勢力が突然やってきて、ある地域の住民の支配を短期間に徹底させようとすることには大きな無理がともなう。彼らは、土着の住民の言語や宗教や慣習に、自分たちの言語や宗教や慣習を強引に置き換えなければならず、土着の住民がそれまでそうしたアイデンティティをもっていたこと自体をあきらめさせなければならない。どの統治権力も、自分の地域の支配に成功すればするほど、他地域へ向かう自己膨張的、自己正当化的な野望を強くもつようになるが、マケドニアや秦や元などのように、短い間にその版図を一気に巨大化させようとした国は、たいていその巨大化を成し遂げた統治者の死後まもなく分裂するか急速に衰退している。大きな領土を比較的長続きさせたローマ帝国は、属領の民衆に対して、彼らがその政治的中枢に明瞭な反抗的態度を示さないかぎり、土着の言語や宗教や慣習に寛容な態度をとった。

あの広大な北米新大陸の政治的文化的な統一を確立したアングロサクソンの場合はどうかといえば、ピルグリム・ファーザーズの入植（一六二〇年）から、独立国として承認される（一七八三年）まで百六十年を閲しているし、土着民であったインディアンの組織的抵抗がほぼ終わる（一八九〇年）までにさらに百年以上を必要としている。またその間には深刻な南北分裂も経験している。私たち日本人は、黒船の来航と敗戦という二大ショックのために、新興近代国家アメリカがその強大な結束力を瞬く間に作りあげたかのように思いがちだが、彼らはまともな国家的アイデンティティを根づかせるために、じつに徳川治世の全期間に相当する二百七十年間もの紆余曲折を経ているのである。しかも、アメリカは、各州の独立性がきわめて高い連合国家である。

†社会集団はそれぞれ異なる原理をもつ

話を元に戻そう。国家は、本来その存立の原点を、当の地域に古くから住む人々の生活意識に立脚した共同観念に置いているので、その中で生まれ育った一人ひとりの個人のアイデンティティに密接なかかわりを持っている。

個人の生活は、「私」的関係と「公」的関係の二重性を担うところに成り立っているが、そもそも何を「私」と考え、何を「公」と考えるかは曖昧である。というよりも、この二元的把握は、本来相対的なもので、たとえば、家族という場は、その成員一人ひとりにとって多少とも公的であり得るし、近隣や勤務先などに対しては逆に私的である。また企業は、社員一人ひとりに対しては公的な空間だが、市民社会全体や政府その他の公共機関に対しては私的単位である。さらに、一国家も、そこに属する諸個人や諸団体に対しては公的に振る舞うが、国際関係という舞台では、私的利害を表現する立場に立つ。

しかし、このように「私」と「公」の関係を、単に社会集団の規模にもとづく相対的な関係にすぎないものとして把握するだけでとどまってしまうと、その置かれた関係によって私的でも公的でもあり得る一定の集団が、それぞれどういう原理によって集団としてまとまっているかが見えなくなってしまう。そこで、社会科学は、家族とは何か、企業とは何か、国家とは何かといった原理規定にかかわる問いに答えなくてはならない。

たとえば一九世紀から二〇世紀初頭にかけて活躍した社会学者のテニエスは、社会をゲマインシャフト（共同社会）とゲゼルシャフト（利益社会）に分類するというモデルを示し、社会全体が、温かく血の通った前者から、冷ややかで有機的統一を欠いた後者に移っていくという考えによって時代の危機意識を表現したが、この把握でも、それぞれの集団の内在的な原理がきちんと考えられていないため、必ずしもその「移行」の論理が説得力を持たない粗雑なものとなっている。今日では、ゲゼルシャフト的な集団（典型的なものは企業）が社会空間の大きな部分を占めていることはたしかだが、しかし家族という「ゲマインシャフト」はけっして消滅していないし、むしろ、ゲゼルシャフト的な集団との間で、その原理の違いにもとづく棲み分けを実現している。

家族とは、先に述べたように、一対の男女の性愛関係（ヨコの関係）の時間的な展開によってタテの情愛関係としての親子関係をはらむようになったまとまりの全体を指すが、一方、企業とは、生産や営利を目的として継続的に活動が営まれる組織体を指す。両者の著しい違いは、前者が何らかの外的な目的を持たず、人間個体の情緒的な結合の存続と展開それ自体を目的としている（自己目的的）のに対し、後者が諸個人の労働の協力を通して何らかの外的な目的を実現するために、意識的な合意をもって集合している点にある。

†国家は理性と情緒の複合体である

さてそのように考えると、では国家は何を原理とした社会集団かということになるが、先のテニエスのような区分の発想では、やはりこれに答えられない。というのも、国家には、はじめからゲマインシャフト的な要素とゲゼルシャフト的な要素が含まれ、しかも原理の違う諸集団（家族、企業、その他）を、そのそれぞれが納得できるような一定の共同観念（精神）によって不断にまとめ上げようとしているという特性があるからである。

国家は、機能としてだけ見れば、その成員の生命や財産を守り、さらにそれらを発展させるためにさまざまな調整や支援や力の行使を行うシステムである。しかしそもそもそういうことが可能であるためには、成員各人の個体としての限界を超越した連続性を維持しなければならず、そしてまたそれが可能であるために、世代を越えた成員のそれぞれの実存との間に、暗黙の情緒的な合意（「われわれ」意識）が成立していなくてはならない。ヘーゲルは、国家を理性的な精神が最高のかたちで現実化したものと捉えたが、これは、近代国家のあるべき理念の打ち出しという色彩がかなり強く、じつは国家は、単に理性だけを支えとするのではなく、必ず何らかの情緒的な合意（共感）を必要としている。この側面を「情念としての国家」と呼ぶことができる。

日本語では国家を国「家」と呼び、英語では「ネイション」と呼ぶ。「ネイション」は、ネイティブ、ネイチャーと同語源であるから、自然の、土着の、その土地に生まれた、などのニュアンスを含んでいる。これらは、いずれも国家の「情緒的なまとまり」の側面を的確に言い当てた用語であって、国家はもともと、そのメンバーどうしをあたかも家族の一員であるかのように扱おうとする意志、言いかえると、みずからが情緒の共有それ自体を目的とするかのようにふるまおうとする意志を、おのれの存立のための不可欠の条件としてもっているのである。

戦前の日本には「家族国家論」的な観点が広く存在し、戦時には、その観点が極端化されて「国民は天皇の赤子」とか「一君万民」といったスローガンが強調された。戦後は、それこそが戦争遂行のイデオロギーであるとしてマルクス主義者や進歩主義者に一掃されてしまったが、マルクス主義的な国家観――国家は暴力装置であり、一階級の特殊意志を一般意志であるかのように瞞着するイデオロギー装置であるといった国家観――もまた、みずからの体制批判の態度や反権力主義を合理化するためのイデオロギーにすぎなかった。物事の本質を見るには、ひとまず政治イデオロギー的なバイアスをかけずに、冷静に、複眼的にそのありようを捉えなくてはならない。そしてそのうえで、ある一つの側面（この場合には情緒的な側面）だけがもつ必然的な限界を認識しなくてはならない（この限界については、次項でもっと深く考察する）。いうまでもなく「家族国家論」的な観点は、それだけでは国家の総体を捉えるのに不十分な単純素朴さを免れていないが、国家の一つの条件をそれなりに言い当てている。

どんな国家も、ただ無機的な調整機能としてだけその存立を保障されるのではなく、「情緒的なまとまりの意識」によって支えられている。日本が「天皇」という象徴的な中心をいただいているのも、最も合理的な近代国家であるはずのアメリカの国民が、主としてユダヤ－キリスト教的な「神」の観念や「星条旗」という国家的な結合の象徴のもとに結束するのも、国家にはもともと「理性の実現形態」としてだけではなく、「情緒の共有の実現形態」としての側面があるからに他ならない。先に述べたように、一気に版図を巨大化した国家が意外に短命なのは、この「情緒の共有」の限界をむやみに超えようとするからである。

このように、国家は、それが存続を維持しうるかぎり、共同観念の実現形態であるが、ちょうど一人の人間の観念というものが理性と情緒の複合体であるのと同じように、その共同観念もまた常に理性と情緒の複合体なのである。そして、そのことによって、国家は、個々の実存と密接なかかわりを持ちつつ、かつ、個々の実存を超えた歴史的存在としての地位を保とうとするのである。それというのも、共同観念は、一朝一夕で編まれるものではなく、生活感情、言語、慣習を永きにわたって共有してきた人々の結実としてはじめて成立するからである。ここに、国家という形態の内的な必然性がある。

†「社会契約論」的国家観の有効性

私が国家を一人の人間の観念のあり方になぞらえたことで、ホッブズの『リヴァイアサン』

を想起する読者も多いことだろう。よく知られるように、ホッブズは、この大著の序説を、国家が巨大な「人工人間」であるという着想の記述によって始めている。

ホッブズの国家観を簡単に要約してみよう。彼によれば、国家すなわち「コモンウェルス（共通の利益）」には、「獲得されたコモンウェルス」と「設立されたコモンウェルス」の二つがある。前者は、自然の力によって成員を服従させることによって成員の命を担保するもので、これは、権力そのものに対する人々の恐怖がその維持の条件となっている。これに対して後者は、諸個人が相互の契約にもとづき、他のすべての人々から自分を守ってくれることを信じて、一人の人間（君主、大統領など）や合議体への自発的な服従に同意することによって成り立つ。しかしこの場合も、その根本的な動機は「恐怖」にある。

ホッブズはきわめて現実的なものの見方をする人だから、「設立されたコモンウェルス」の場合も、人々がなぜそのような同意を与えるのかという根本のところに、「恐怖」という情緒的な動機を置くのである。ただ「獲得されたコモンウェルス」の場合と違っているのは、その恐怖の対象が、権力者そのものではなく、あくまで各人相互であるという点にある。いうまでもなく、そのような服従への合意がない場合には、人間は、たがいに自己保存と他者に対する優越という目的をめざすために戦争状態になってしまうからである。そこで、次のような相互契約の理論がどうしても必要となる――「私は自分を守るために、自分を超越したこの人格(君主、合議体などの人為的・形式的な人格)に自発的に服従し、自分を統治する権利をこの人格に譲り渡すが、その代わり君もまたその同じ人格に服従し、自分を統治する権利をこの人格に譲り渡すことを約束せよ」。

そして、この相互契約による合意を支える原理は、ただ一つ、「自分がしてほしくないと思うことを他人に強制するな(殺されたくなかったら殺すな、奪われたくなかったら奪うな)」という道徳的命題である。またこの相互契約の論理を普遍的に実体化させたものが「法」である。したがって、「法」の権威や拘束の存在しないところに、「個人の自由」や「権利」という概念の正当性もまた存在し得ない。

さて、わざわざ解説するまでもなく、「獲得されたコモンウェルス」は、伝統的な王権や戦争による征服などの統治・支配形態の本質を語るものであり、「設立されたコモンウェルス」は、近代的・合理的な政体のそれを語るものである。ルソーの『社会契約論』における「一般意志」は、諸個人の意志の共通性を、侵し得ない主権の存立を支えるものとして定式化した概念だが、ホッブズのいう「設立されたコモンウェルス」の原理をより抽象的に徹底化させた概念であるといえよう。

この、ホッブズ－ルソーによって確立された「社会契約論」的国家観は、「たがいにばらばらで自由勝手に自分の欲求を満たそうとして生きている個人」という仮定を前提として、そのばらばらさが生み出す摩擦や葛藤や争いを理性的に処理するために国家はどういう内在的な論理に支えられなくてはならないかという問いに答える、きわめてすぐれた方法原理であった。

今日では、この「ばらばらで自由な個人による原始的な契約」という考え方が、歴史的事実に合わないなどの理由で疑問視される傾向が強い。だが、個々の歴史的事実によって、論理としての有効性そのものが、必ずしも排撃されてしまう必要はない。私の考えでは、ホッブズ－ルソーがたどった理路は、「人間はもともと自由でばらばらな個人であった」というルソー的な仮定を、「人間はそれぞれの身体を中心とする狭い範囲内で情緒的関係を取り結び、そのことによって、たがいに非理性的な対立を生み出してしまう存在である」という把握によって編みかえるならば、依然として、近代国家の必要を支える論理としての有効性を主張できる方法原理である。

先に述べたように、ある国家はそれ自体、情念と理性のアマルガムであることによってその根拠を獲得する。諸個人や諸集団の特殊な情念のまとまり（家族愛や同志愛など）は生活の直接的な共有にもとづいているので、もともと非常に強い。そのためにそれ自体が相互に「ばらばらで非妥協的な対立」を生み出すが、その対立は、単に「人間理性」に信頼するだけでは解決できず、より広い外延をもつ情念の共通性によって超克されるべきものである。

そのより上位の集団の情念の共通性をどの程度まで確保できるかは、国家という共同性をうまく成り立たせるための条件の意味をもつ。より上位の集団の情念は、強度においてより下位の集団の情念に劣るが、時間的・空間的な広がりにおいて、より下位の集団の情念に勝るものである。国家は、言語、慣習、宗教的観念などの歴史的・文化的な積み重ねを維持することによって、さまざまな個人や集団の特殊な情念の対立を克服できるような、より普遍的な情念を不断に構成しようとするのである。

†佐伯啓思の「常識人」的国家論

ところで、「日常生活の伝統に裏付けられた常識」を尊重する保守の立場を自覚的に選び取る佐伯啓思は、前掲書『国家についての考察』のなかで、ホッブズ、ロック、ルソーらがうち立てた「社会契約論的な国家観」の論理必然的な意義を認めながらも、ルソーの思想の抽象的な徹底性[*1]が現実化したときには、フランス革命後の恐怖政治やその後の全体主義的政治に大きな悪影響を及ぼしたことを指摘しつつ、ではいったいどんな精神が国家を支えるのか（支えるべきか）という本質的な問いを再三提出している。

彼はまず、洋の東西を問わず、戦後の知識人たちが依拠してきたような市民社会論の図式を、次のように批判する。

国家と社会、もしくは国家と個人を対立的に捉えるだけでは、国家についての根底的な点を理解することはできない。個人の自由から出発して市民社会を構成し、その上で市民社会を国家と対立させるという図式から導き出されるものは何か？　それは個人の自由を侵害する存在としての国家への不信感と批判にほかならない。だがそうだとすれば、その個人の権利や利益は実際には一体何によって保護され保障されるのだろうか？　いうまでもなくそれもまた国家によってなのである。だとすれば、その意味での国家はどのようにささえられるのか、国家に対して深い不信感と批判をもつ個々人がどうして国家をささえうるのか、こうした疑問が出てくるであろう。そして、市民社会論の図式はこの問いに答えられない。

佐伯は続いて、ルソーの社会契約論は、国家ビジョンを建てるために合理的かつ理性的に構成された抽象的なモデルであるが、その抽象的なモデルでさえ、じつはその背後に、「ど

＊1　いかなる超越的な宗教観念にもよらず、ただ各人が市民としての義務と責任と法秩序への忠誠の意識をもつことによってのみ、共和国が支えられるという考え方。

んな政治体もそれぞれの国の自然的特性や習俗、気風、歴史的条件に見合ったものでなければならない」という具体的な視点を保存していたという公平な理解を示したうえで（つまり、きちんとルソーを評価したうえで）、次のように述べる。

だが、その合理的で理性的なビジョンの背後にはもう一つの次元がある。その次元においては、国家は決して合理的かつ理性的構築物としては理解できない。それは歴史的で具体的な文脈のなかでしか定義できない生成体なのである。社会契約論は、この後者の「隠された次元」を議論から排除しようとする。だがそれを徹底して排除するところから、ルソーの暗示したおそるべきジレンマが生じる。すなわち、共和国の全体主義国家への転換というあのジレンマである。言い換えれば、公的政治空間として構成された共和国の理念を、あのジレンマから救い出すものは、この共和国の背後にあるあの「隠された次元」、歴史性と習俗や自生性にもとづいた共同性という次元にほかならない、といってよいであろう。

それでは、その「隠された次元」としての共同性、歴史的・文化的な側面としての国家は、具体的には人々のどんな意識や行動によって維持され、保証されるのか。だれが、どんなふうに国家のこの側面を担うのか。佐伯は、国家とは、家族などの自然的な共同性とは本質的に異なる人為的な構築物であり、常に再構成されるプロセスであり、その歴史性を条件としつつ、人々の想像力によってそれを未来へつなぎ、有効に組織してゆく運動体であると規定したうえで、右の問いに次のように答える。

国家の「担い手」、もしくは「中核的集団」は、多分にその国の歴史的で自生的な価値や文化的象徴作用に関与するものであり、また無自覚にであっても（一般大衆のように——引用者注）そうならざるをえない。その意味では、国家の「担い手」とは、決して政治に参加し、公的行政にかかわり、実際に政治を動かし権力を求める者というわけではない。（中略）むしろ、それなりの自覚的な国家意識（中略）を持って、それを日常生活のなかに生かしてゆく常識人こそがその「担い手」と呼ばれるべきものなのである。なぜなら、一国の歴史的な知恵や文化的な象徴は、多くの場合、通常人が日常生活を組み立てる常識（コモンセンス＝共通感覚）や作法、様式（マナーズ）のなかに堆積されていると見るほかないからである。

長い紹介になったが、それだけの値打ちのある議論であると思う。

佐伯の議論の要諦は、国家というものが、ことにその歴史的・文化的側面において、自然的伝統的な人間生活のなかに存する紐帯を基礎条件としつつも、その条件をたえず現在および未来へ向けて、またその外部との関係を通して編み直してゆく常識人としての「われわれ」一人ひとりの均衡感覚によって成り立つ、ダイナミックな「フィクション」であり、「企て」であるという点にある。

その場合、なぜその「われわれ」意識のアイデンティティが、ある個別の「社会共同体」でも、逆に一般的な「人類世界」でもなく、まさに「国家」という形態にリアリティを見いださなくてはならないのか。その主たる理由は、「われわれ」意識とはその外部との関係によって存立するものにほかならず、「国家」がその外部を「人類世界全体」にしか持たないのに対して、「人類世界全体」の外部というものはあり得ないからというのである。つまり、「国家」は「われわれ」意識というフィクションが成り立つための極限である。

この佐伯の論理は、周到であり緻密である。その特長は、「国家」なるものの本質が何らかの固定的な「実体」*2ではなく、共同の「観念（はたらき）」でありながら、まさに「観念（はたらき）」であるゆえにこそ、その歴史的連続性と現実性と内在的な必然性、そしてまたその流動性をも保証されるという、社会哲学的な把握の仕方にある。

「理性」を根拠におくか、「常識」を根拠におくかの違いを除けば、これはやはり方法論的に見てヘーゲルの抱いていた国家イメージに近いという印象をもつ。そして、「常識」にあえてアクセントをおくところに、西欧近代の主流をなしてきた合理的な社会契約論やヘーゲルの「自由と理性」を軸とする国家論がともすれば読み落としがちであった側面を補完しようという、洗練された問題意識があらわれている。というのは、ルソーやヘーゲルの時代からすでに私たちは二世紀を隔ててなお「近代」を生きており、その間に、強引な侵略主義や世界戦争やナチズムやスターリニズムといった「狂熱」の人類史を記憶として刻み込んでしまい、そのことによって、合理主義や理性主義という西欧的理念に対する懐疑とペシミズムとを深く抱え込まざるを得なくなっているからである。

†「常識」は「狂熱」を抑止できるか

しかし「常識」は、「狂熱」を抑止できるだろうか。

「常識」という概念のなかには、佐伯自身も括弧書きをつけているように、「共通感覚」というニュアンスが含まれている。したがって、いささか我田引水になるが、「常識」が国家

＊2　たとえば血縁共同体、企業、宗教結社、政府組織、経済的連合その他のような組織体は、実体的側面を強くもつ。ただし、これらもまたじつは広く言えば「観念」を本質とするのだが。

を支えるという考え方は、私が述べた「情念としての国家」という概念と重なるところが大きく、またヒュームのいう「共感」に近い。人性をよく知る現実的な懐疑家のヒュームは、人間の共感には限界があり、普遍的な人類愛といったものは存在し得ないということを再三述べている（『人性論』）。このことは、佐伯が、コスモポリタニズム（世界市民主義）的な観念の空想性を指摘し、まさに「常識」の共有できる範囲を「国家」のレベルにまで限定したことと見合っているが、しかし、そこからまた次のような新たな難問が生まれないでもない。

国家とは、共同観念（共通感覚）のぎりぎりの共有限界を時代の流れに応じて不断に線引きしようとする運動なのだが、それを実質的・政治的な権力行使として担うのは、やはりあくまで選ばれた代表者なので、その代表者の政治的な決断が、生活者一般の「常識」感覚との間に乖離を生む危険を常にはらんでいる。この乖離は、政治不信やアノミーや無関心や意思統一の困難としてあらわれ、それが一部の人間の焦慮を長くかき立てると、内乱という「狂熱」としてあらわれることもある。

また逆に、両大戦間におけるドイツのように、一国家の国民が共通に被った被害感覚が、閉じられた「常識」として通用してしまうと、「常識人」（知識人、エリート、有産階級も含む）と「代表者」との距離があまりに接近しすぎて、「常識」それ自体が国民的「狂熱」へと転化することもある。ナチス運動の興隆は、まさにドイツ民族の歴史的・文化的な精神

（日常性のなかにある気風、エートス）によってこそ支えられたのであって、それが、第一次大戦後のドイツのおかれた惨めな状況と結びつき、しかもワイマール体制という近代的な民主主義政治の手続きとの間に合理的な接点を持ったときに、あの強力な政権を勝ち得たのであった。それは、少なくとも建設期においては、爛熟した都会風俗の堕落とデカダンスを厭う「健全な常識」をその精神としていた。したがって、何ら国民の「常識」を無視した強引な簒奪や瞞着ではあり得なかった。もしもナチスの支配を「常識」の無視と見なすとしたら、それは、ヒトラーというただひとりの「怪物」にすべての責を帰し、それによって、当時のドイツ国民全体の歴史的・文化的精神のありようという基盤的な問題を隠蔽し免罪することにつながるだろう。

「狂熱」は、このように、統治者と被治者との大きな乖離によっても、両者のあまりの一致によっても生じうる。まことに、国家をまともな統治体として維持することはむずかしいのである。だがすでに次項で問題とすべき領域に入り込んでいるので、項を改めて論ずることにしよう。

【第十問】戦争は悪か

†諸国家間の対立の不可避性

前項で私は、佐伯啓思のすぐれた考察の力に依拠しながら、国家は、よきにつけ悪しきにつけ、個人の実存を深く（日常的に）規定するものであり、それは、国家が、生活住民が積み重ねてきた歴史的・文化的な感情を根拠にそのまとめ上げの行為を行う不断の運動であるからだという趣旨のことを述べた。国家は、その成員にとってぎりぎりの共感を感じうるフィクショナルな共同体であり、諸個人の日常的な情念と理性のあり方に立脚しつつ、しかも個々の人間身体の時間的空間的な限界を超えた連続性を確保し、そのことによって諸個人の日常的な情念と理性のあり方を再規定する。

それは、そこに属する成員の安寧を守ることを最大の任務とするとともに、対外的なかかわりにおいて、成員たちの利益や価値観を保証し、維持発展させようとする。そのために国家は、内部の成員たちにとっては超越的な、またその外部にとっては統一された一主体としてのさまざまな力(政治力、武力、経済力、外交力、文化力など)をもたなくてはならない。なぜなら、国内は諸個人、諸集団の葛藤と摩擦に満ちみちているし、国外には、それぞれの国家の国益やイデオロギーや宗教の対立が存在し、さしあたり、それを適切に調節し得るような強力な超国家的統一体が存在しないからである。

佐伯は国家を支えるものを「常識人」の歴史的・文化的な知恵に求めた。これは、原理的に正しいが、しかし現実的には新たな難問を提起する。というのは、私たちの形而下的な利害関心の交流がグローバル化することによって、まさに諸国家によってまとめ上げられたそれぞれの「常識」が、たがいに相容れないものとしてぶつかり合うという事態を避けられなくなってくるからである。

†世界市民主義者たちの粗雑な反体制意識

そこで必然的に、次のような考え方も浮かび上がることになる。

むしろ、国家という明確な力の体系があるために諸対立も先鋭化する(戦争の危機を誘発する)のではないか。たとえば保守主義は、国家の大切さを説くために「公」の心の必要を力説するが、国家と公とはそのまま重なり合うものではないはずだ。大事なのは、「国家」という狭い枠組みをも超えた「公」的な市民精神をいかに培っていくかだ……。

これは、今日、リベラリズムの一部やコスモポリタニズム、また、異文化交流を率先して進めている人たちの間で、漠然と共有されている考え方である。実際によい意味での異文化交流を実現させ、そこで創造的な活動を生み出している人にとっては、この考え方は、自分の実感によって支えられるために、強い共感を呼ぶものとして受け入れられていることは否定すべくもない。平和が維持されている範囲内でそういう観念を個人が抱くのは自由である。

だが私は、この考え方は基本的に甘いと思う。

第一に、ごく現実的、実際的な意味からいって、世界は、強弱さまざまな国家の力の均衡によってかろうじて安定が保たれており、均衡が何かの理由（たとえば南北経済格差による怨嗟の蓄積や、歴史的いきさつからくる反感の蓄積）によって破られれば、戦争の危機を避けることはできず、そうなれば、平和を前提としたところに成り立つ「世界市民主義」思想に支えられた活動それ自体が、たちまち吹っ飛んでしまうからである。

第二に、もっと思想の根本にかかわることだが、コスモポリタニズム的発想は、諸民族、諸宗教、諸国家の強固な特性を無視あるいは軽視したレベルに、人間共通の「世界市民性」なるものが成り立つはずだという、きわめて能天気な理想に裏付けられた思想である。私の推理によれば、その底流にあるのは、主唱者たちのまったく個人的な「国家からの逃避願望」にすぎない。

この思想は、象徴的にいうなら、「おれはたまたま日本に生まれただけで、別に日本人であることを意識しなくても一人の人間として、世界を渡り歩いていけるので、みんながそうなればいいのさ」という、きわめて抽象的な個人主義ないしは個人感情を土台としている。そこには、個人の人格というものが、もともとこの複雑な人間社会の構造が生み出すさまざまな制約の関係を引き受けることにおいてはじめて成立するという自己認識が決定的に欠落している。

ハイパー個人主義者たちは、自分の生存や権利が何によって支えられているかという考察を抜きにして、一気に自分の主観的感情を社会思想に結びつけうるという錯覚に陥っているのだ。その錯覚を無意識に支持しているのは、じつは、「家族や社会組織や国家といった中間項は、個の欲望の実現を阻む悪いものである」という粗雑な反体制意識に他ならない。つまりは、かつての心情左翼たちが、社会主義というバックボーンを喪失したことによってたどり着いた、精神の退廃形態にすぎないのである。この理想は、アナーキズムが一番いいように思えるといった、きわめて曖昧なロマンチシズムによって社会を構想するのとさほど変わらない。悪しき文学主義とでもいったらいいであろうか。

国家は、それ自体、諸力、諸価値を一つにまとめ上げた人為的な「一主体」であることによって、相互に交渉し、競合し、拮抗しあう。そのため、時には悲惨な大殺戮を挙行し、自国民の生命と財産と安全な生活を守るという本来の目的さえも蹂躙《じゅうりん》してしまうことがあり得る。ことに近代以降の総力戦では、兵器や技術が極度に発達し、しかも世界は複雑多様な利害と関心の網の目によって成り立っているから、いったんどこかの国々が戦端を開くや否や、それは全世界の一般住民の生命を脅かす事態に発展しかねない。また自国を守るための戦争という名目が、ただちにそのまま他国の無辜《むこ》の民衆を殺傷する現象としてあらわれる可能性も大きい。事実、二〇世紀の世界史はそのような戦争の世紀であったといっても過言ではない。国家は、そのように、世界のなかで一定の力と価値とを表現する一主体であることによって、成員の安全を維持しうるという側面をもつと同時に、まかり間違えば自国民や他国民の安全を侵すという側面をもつ、危うい両義的な存在である。

こうした事態への危機意識や反省意識から、「世界人類の平和を祈念する」とか「国境の壁をできるだけ低くして一人ひとりが世界市民としてかかわるべきだ」といった観念が立ち上がるわけで、そこにはそれなりの心情的根拠があることは否定できない。だが、それらの観念は、それだけでは空想性を免れないことはあきらかであって、その空想に自己満足してしまう前に、国家が行う戦争という行為それ自体の善悪について考えを掘り下げてみなくてはならない。

†損得と道徳の区別と連関

戦争は悪か。この問いに二者択一的に答えることは、今日では、あまりに素朴な態度であるということが、心ある人々の間では気づかれている。だれでもその直接的被害が自分に及ぶことを望まないから、それはできるならば避けたほうがよい事態である。実際、国際舞台では、諸国家間の緊張を緩和すべく、軍縮や核拡散防止や外交交渉や経済支援などの名目によって、さまざまな努力が試みられてきた。もちろんそれは、いまだ理想的な状態というにはほど遠い成果しか生みだしていない。また国際社会はいま、アメリカの中枢を襲った九・一一テロという新しい「戦争」形態の局面や、イスラエルとパレスチナの報復合戦へのあたふたとした対応に迫られているが、いまだ有効な危機管理を達成し得たというにはほど遠い。*1

しかし、ともかくも世界の為政者たちが、できるならば致命的衝突を避けようと努力してきた事実自体が、戦争がまずいことであると世界の大多数の人々によって感知されていることを証明している。

だが、戦争を「まずいこと」と感知することは、ただちに道徳的に「戦争は悪である」と考えることとは必ずしも一致しない。人は、「結局は自分の損になるからやめておこう」という動機によって行動を抑止する部分が大きいからである。両者はまったく無縁の態度ではないが、やはり区別されてしかるべきであろう。損だ（国益を損なう）からやめておこうと思った人（国）も、ケース・バイ・ケースで、今度は勝利の目算が十分に立つし、自分にとって得になるからやってやろうと考えることもある。

もともと道徳とは、社会がやむなく作った二次的な加工品であって、それは状況によって変わるし、たいへん壊れやすい。ある道徳が立てられるには、それ相応の動機と理由があって、共同体の共通利益を保つところにその根拠を持っている。共同体の秩序が保たれなければ、社会が崩壊し、社会が崩壊すれば個々の成員もまた存命を許されない（この議論については『なぜ人を』第八問参照）。つまり、損得勘定と道徳とは区別されつつ連続しているのだ。それは、人間が常に、個別的存在であると同時に社会的存在でもあるという二重性から逃れられないからである。

＊1　後に言及するが、あのテロ事件を「戦争」と解釈すべきか「犯罪」と解釈すべきかといった議論、また世界史の「新しい」局面であるかどうかといった議論があるが、私は、事態の総合的な連関から見て、やはり「新しい戦争」形態であるという見地を取る。

†道徳的な「善悪」とは何か

そもそも道徳的な意味での「善」とは何か。それは共同体の秩序と安寧が保たれている状態を、観念として名辞化（明示化）させた事態をいう。人々は、他者たちとともに普通の生活を安らかに営み得ているかぎり、常に道徳的な「善」の無自覚的な執行者である。なぜなら彼らは、歴史的連続体としての共同体が作った宗教的観念や法や慣習などのルールの体系をそのつど守っているのだからである。「善」は、とりたてて貧者への施しなどの「徳行」をしなくても成り立ちうる。「善人」とか「善男善女」といった言葉が含んでいるニュアンス（いくぶん軽侮をともなった）をよく考えてみれば、このことが納得されるであろう。

がしかし、それは一定の共同体の秩序感覚の共有によってのみ支えられているために、常に相対性を免れない。だから、たとえばカントが『実践理性批判』において模索したような、道徳の絶対的、先験的基礎づけの試みは、共同体の共通利益という現実的な動機を道徳の本質的条件として繰り込み得ないために、むなしい抽象論なのである。

したがって、「善」との対比関係において語られる道徳的な「悪」もまた、常に相対的である。道徳的な意味での「悪」とは、共同体の共通利益に逆らう意志および行為をいう。「悪」は、自分がその存在の一部である共同体の精神そのものに逆らう個別的な意志や行為であるから、慢性的な常習者ならいざ知らず、それをなすには、多かれ少なかれ、一種の命がけの「勇気」をともなう。それは、「善」と違って、それをなす人間の個別性・孤立性を際だたせるのである。思春期から青春期の若者が好んで「悪」に走りたがり、彼らが「悪」を実行してみせる者をヒーロー視する傾向があるのは、この時期の人間にとって、大人たちが強いている共同規範をいったんは疑問に付すことが、個人としての自立を果たすために重要な意味をもつからである。

道徳的な「善悪」についての私のこの単純明快な定義を、外在的・相対主義的であるとしていぶかる理想主義者もいるかもしれない。たとえば、民衆を抑圧する「悪い」体制があって、それに対して理想を掲げて反逆や革命の運動を企てる者は、共同体の秩序に逆らうことによってむしろ「善」をなしているのではないか、と。

しかし、こういう論者は、論理のつきつめが足りない。ある共同体の秩序が「悪い」体制であるかどうかは、常に主観的であって、客観的な尺度がない。せいぜい、多くの民衆が苦しんでいるという「調査的な実態」が確認できる程度である。その「実態」を一定の人々が把握して、現下の体制こそ「悪」であると判断できるときには、すでに共同体の秩序そのものが過渡的な混乱に陥っているからこそであって、そこでは、「善悪」の規定それ自体が揺らいでいるのである。

反逆者や革命家にしたところで、みずからの意志や行為を確信的に「善」となし得るためには、想像のレベルで「よりよき共同体」のヴィジョンをもっていなくてはならない。つまりは、彼らもまた、「共同体の共通利益」を「善」としていることには変わりがないのである。だがその「善なる共同体」のヴィジョンは、いまだ想像された「神の王国」にすぎないがゆえに、当事者たちの内部に、常に孤立化の不安や、果たして自分は正しいことをやっているのだろうかといった迷いの心理を生み出し、それを克服するために、いわゆる「悪」をなすときと同質の勇気や、「大悪」をなくすためには「小悪」もやむを得ないとか、目的のためには手段は正当化されるといった言い聞かせを必要とするのである。

†「戦争は悪」という命題は絶対的には決められない

さてこのように考えてくれば、「戦争は悪である」という命題それ自身が、歴史的社会的な状況によって、常に相対性にさらされている事情がのみこめるであろう。あらゆる行為がそれ自体としては「悪」であると決められないように、戦争が悪であるかどうかもまた、絶対的に決められるものではない。

私たち人間には、もともと自分を侵害しにやってくると判断された対象に対しては、「断固として闘うべきである」という闘争心(本能、美学、など、呼び名は何でもよい)があるので、その闘争心が共同体の共通利益と一致するときには、戦争は「善」とされる。また戦争が長引いて多くの死者が出ているにもかかわらず、所期の目的が達せられていないと感じられたり、それが終わった後に自分たちにとって犠牲者への悼みを超えてなおあまりある満足な成果が得られたと確認できないときには、それは「悪」とされる。人間は、ある目的でことを始めても、目的が巨大で達成までに物量と時間と精神力を要すれば要するほど、その途中のプロセスで「飽き」を感じる存在であり、また、行われた自分の行為に対する反省や総括を必ずしようとする存在だからである。

私たちのほとんどだれもが心の底から戦争（共同的な武力行使）それ自体を「絶対悪」と見なしているわけではないことは、次の事実によって明瞭である。すなわち、私たちは、『イーリアス』や『三国志』や幾多の戦国時代の武勇伝に描かれた世界などの、自分の生きている時間や空間から遠く隔たった「戦争物語」には、血湧き肉踊る闘争心をかき立てられるし、戦争映画や戦争ゲームなど、虚構の世界においても然りである。

戦争を善であるか悪であるとするかは、私たちのそのつどの生の現在および未来に対する自己認識と決断にかかっており、その自己認識と決断はまた、私たちの属する共同体のおかれた関係のあり方にかかっている。私たちが過去の戦争について延々と反省ゲームを繰り返しているのも、個体の限界を超えた共同体が作りだした歴史が、私たちの現在および未来の

生にとって重要な条件の意味をもつからこそである

†「侵略戦争」と「自衛のための戦争」の区別はできるか

以上は、戦争一般についての基本認識を述べたにすぎない。このように、「戦争悪」を相対的な価値観であるとしただけでは、前世紀の生々しい記憶を背負った私たちや、また現在の国際社会で起きている事態に対して考えを固めたいと思っている人々の問題意識を満足させないにちがいない。それにいくらかでも応えようとするには、それらの具体的な話題に少しばかり踏み込んでみなくてはならない。

たとえば、「戦争悪」の問題を素朴な道徳論や空想的な平和論に解消してこと足れりとしないために、戦争の概念を「侵略戦争」か「自衛のための戦争」かに区別するという考え方がある。国際連合憲章第五一条でも、加盟国が武力攻撃を受けた場合には、国連安保理の措置を待つ間、個別的または集団的自衛の固有の権利があるとして、「自衛のための戦争」を承認している。一方、わが日本には、敗戦による戦争アレルギーに呪縛されていたのではいつまでたってもまともな主権国家としての条件を満たせないという保守派の焦慮が永らく存在し、その焦慮の一部が、憲法で「自衛のための戦争」も認めないとはなんたるていたらくか、という声となってあらわれている。

　私はべつに「保守派」を標榜する者ではないが、主権国家の必要を認める立場からして、憲法第九条の空理と自衛隊の存在という現実とのねじれをただすために、個人的には改憲に賛同する。自衛隊を正式な軍隊として憲法で認めるべきである。国民の総意による承認を得られないと、自衛隊の隊員たちが、必要なときに必要な行動（それは常に命を張る行動である）を堂々とかつ迅速にとれないからであり、それは、結局、国家が自国民や国際社会に対して責任をとれないことにつながるからである。*2

　いうまでもなく、戦争はなるべくしないほうがよい。それは個人の争いの場合でも喧嘩はなるべくせずに話し合いの努力で、というのと同じである。しかし、主権国家の存在を認めるかぎり、公認の軍事力、防衛力はどうしても必要である。不審船の潜入や拉致事件など、現に主権を侵し、国民の命を脅かす行為が行われることがあるからというだけでなく、国家が実質的な力（経済力、軍事力、文化力）を背景に持っていなくては、外交そのものを実りあるものとすることができないからである。

＊2　もちろん改憲の実現は、現下の情勢では、国民世論が仮に優勢を占めたとしても、「近隣諸国への配慮」なる大きな壁が存在するために、事実上はほとんど不可能に近い。しかし「改憲論」が国家理念として筋が通っているならば、少なくとも政治にかかわる者は、そうした外交上の困難に対する克服を目指すことも含めて、開かれた議論への努力を継続すべきであろう。

観念的な平和論者は、この点を勘違いしているようだが、軍事力があるから戦争が起きるのではない。戦争が起きるのは、国境を越えた形而下的な交流そのもののなかに、利害の衝突や怨念を蓄積させるような格差の不可避的な露出がはらまれているからである。そして、そのことが、それぞれの国民が固有のものとしてもつ「情念」の共有の限界を指し示すために、「人性」としての闘争心（ホッブズのいう「恐怖」の裏返し）が誘発されるからである。巨大な軍事力の存在は、このことを本能的に知る各国の国民が、闘争心の誘発に備えて、たがいに自国防衛のために競争しあった結果にほかならない。むろん歯止めなき軍拡競争は少しもほめられた話ではないが、私たち一人ひとりが武装解除を承認してその身の安全保障を国家にゆだねている以上、国家が必要最少限の軍事力を独占することを国民総体が同時に承認するのでなければ、民主主義国家としての論理が成り立たない。

だが翻《ひるがえ》って思うに、国連憲章の「区別」の論理も苦しい。「侵略戦争」か「自衛のための戦争」かを事前または発動時に明瞭に仕分けする試みが困難を極めることは、子どもでもわかる見やすい道理である。ある国が発動した戦争の目的が何であったかを確定できるのは、常に事後の歴史検証を待ってのことにすぎず、事後の歴史検証においてさえ、議論は千々に乱れる。

他方、国家間の衝突や地域紛争やテロの現実は、人々にじっくり考える余裕を与えずに生々しく進行するものであり、そのため統治者は常に敏速な決断を迫られ、その決断に対して、必ず何らかの「正義」の建て前を内外に向かって宣明しなくてはならない。現にパレスチナ自治区へのイスラエルの進駐も、パレスチナ過激派の自爆テロの繰り返しに対する「自衛のための戦争」であるという正当化の論理を打ち出している。また同時多発テロに対してアメリカがアフガニスタン空爆の方針を決定したときも、ＮＡＴＯ加盟国は、ただちにその条約規定に従って「集団的自衛権」の行使としてアメリカへの協力を実行した。

問題の本質はいったいどこにあるのだろうか？

私は、戦争が道徳的な意味で「善」であるか「悪」であるかは、私たちの属する共同体のおかれた関係のあり方にかかっていると述べた。また、現在の国際社会は、形而下的な部分でのグローバル化がほとんど極限まで進んでいるため、「私たちの共同体」＝「国家」という観念自体が、先進国の多くの人々にとって曖昧な、実感の乏しいものになっているとも書いた。さらに、ことに日本の場合、その地理的条件や戦後の歴史という特殊条件が重なったために、国民が「国家」に対して、肯定するにせよ否定するにせよ、まともに向き合うことから目を背ける習慣を育ててきてしまった、とも。

これらのことを総合して考えるなら、いまの時代は、まさに戦争が道徳的な意味で「悪」であるかどうかを根底から問い直すべき、一種の過渡期・混迷期の時代であるといってよい。

というのも、個人の実存にとって、それを深く規定するはずの共同体意識そのものが多元的になっている時代に私たちは生きているからである。この多元化は、あとに引き返すことができず（一辺境国としての閉鎖性の中にまどろむことは許されず）、そうであるかぎり、国家間の戦争を道徳的な「悪」と規定できるような超国家的な共同体秩序の創出を構想し、その実現をめざすほかに残された道はない。なぜなら繰り返すように、ある道徳が普遍的なものとして承認されるのは、個人の内的な孤立した観念によってではなく、それを支える現実的な共同体の秩序によってだからである。

†九・一一テロ事件の意味するところ

ここで、テロ事件の意味するところに簡単に触れておこう。

近代主権国家が、好むと好まざるとにかかわらず、自由競争原理を基本とする資本主義という「下部構造」の力に巻き込まれながら、その上にそれぞれの地域的な歴史や伝統の特性（人種、民族、言語、生活習慣、宗教など）にもとづいた共同体的な「まとまり」としての主権の枠組みを敷いていることは、すでに述べた。今のところ、この二重構造がもたらす矛盾や摩擦や紛争をすっきりと乗り越えるうまい方法は見あたらないといってよい。

しかし、新しい世界情勢として、次のことだけは確実である。第一に、社会主義や共産主義の理念が、政治体制として現実化したとき、それは、真の意味での資本主義への思想的な対決、あるいは止揚の方向の指示としては現れず、そこに必ず主権国家ならびに主権者の特殊利害が癒着するために、実際には、近代化に後れをとった国家が抱えるルサンチマンの吸収・発散装置として機能してしまったこと、そして第二に、そうした苦い現実を私たちはすでにいやというほどかみしめており、その失敗の感覚が解決の方向を見いだせないかぎりは、怨嗟の感情を丸出しにしたテロリズムという追いつめられた絶望的なあり方が表出する可能性が常にあるということ。

つまり、結果論的ないい方になるが、テロリズムの世界化は、明らかに冷戦構造の崩壊による社会主義や共産主義の失敗の露呈と表裏一体の関係として連続しており、今回のような事件になることは、「世界史の進行」としてじつは下地があったのである。したがって、現在問題となっているテロリズムは、長谷川三千子が指摘するように（『正論』二〇〇二年二月号）、国民の安寧を守らなければならない「国家」が世界のグローバル化という現実の中で「脆弱な脇腹」を抱えてしまったことを象徴しており、安定した国家をもたない命がけの集団がそのことを狡猾にわきまえて国家の中枢部をねらった「新たな戦争」の一形態に他ならない。

†入江隆則の明快な四分法

入江隆則は、西尾幹二と西部邁という「保守派」の二大巨頭がテロ事件に関して演じた最近の論争に絡めて、次のような、明快な四分法の論理を提出している（『正論』二〇〇二年四月号）。

九月十一日のテロと、それに続いて起こったアメリカ軍のアフガニスタンへの侵攻をどう受け取るかに関しては、結局四つの立場しかないということである。テロと報復戦争の両方を否定するか、両方を肯定するか、それともどちらか一方を否定して、他方を肯定するかの四つしかないのである。

そうすると、テロと報復戦争の両方を肯定するのはたぶん「狂人」であろうが、その両方を否定するのが「傍観者」で、腐り切っている時代がテロを生み出したとしてテロルに共鳴するのが「だだっ子」だということになる。これに対して、より重大な殺人としてのテロを防ぐために、より軽微な殺人としての戦争をいとわないのが「治者」であり、日本が世界統治にいささかなりとも責任を持とうとするならば、日米同盟のよしみを重んずるのはいうまでもないし、またアメリカの支える平和と繁栄に日本が依存している事実をも考慮しつつ、とにかく「治者」を選択するしかないという、簡明ではあっても、厳粛な結論が出ることになる。

戦争がテロに比べて「より軽微な殺人」であるかは、議論の分かれるところだろうが、これは、橋爪大三郎が「読売新聞」二〇〇二年一月十八日付夕刊で提出した、いろいろな殺人に対する「罪の重さ」についてのプロテスタントの考え方を援用したものである。ここでは、結果的な被害の大きさとしての「重大・軽微」ではなく、「軍人どうしが任務で殺し合う」ものとしての戦争概念と、「無関係な人を大勢、意図的に殺す」ものとしてのテロ概念とを、純粋に比較のテーブルに載せたうえでの議論が前提となっている。

入江のこの提言がもつ重要なインプリケーションは、知識人が現下の国際問題について発言するときには、「ただっ子」や「傍観者」の位置に立たず、常に責任ある「治者」の立場に立ってものを言えということである。私もこの考え方にまったく共感する。

†現在の矛盾の世界化を切り抜ける方法

そこで、課題は当然、二つの方向に絞られる。一つは、国家の特殊利害の衝突を調整するための超越的な機関を、いかに軍事力も含めた実力を背景として創出するか。そしてもう一つは、現実にある極端な機会の不均等や経済格差や閉ざされた価値感情にもとづく排他性をいかに縮小して、怨嗟の爆発の防止に役立てるか。これらは、いずれの場合にも、資本主義的な世界市場原理（不可避的なグローバル化）を既定の現実として承認することが前提である。この二つの原則的な課題を解決する以外に、現在の矛盾の世界化を切り抜ける方法はありえない。

私は、今回、アフガンの暫定政権が成立するまでの過程において、軍事面のみならず、外交、情報交換、経済支援策など、アメリカを中心とした先進諸国家がとったさまざまな政治的決断（日本政府の対応も含めて）を、おおむね是とする者である。*3 それは、この決断が、条件付きながら、この二つの方向への萌芽形態をかいま見せていると判断したからである。

それ以外のローカルな同情や反感のうえに立った議論（たとえば、日本は親米的態度をとるのが正しいのか反米的態度をとるのが正しいのかといった議論）は、所詮、国際的な力と責任とを表裏一体の関係として担う先進諸国家の統治者の立場にとっては、現実的な想像力を欠いた「ぶつぶつとしたおしゃべり」にすぎない。親米か反米かが問題なのではなく、諸国家間の緊張と力の均衡のただ中に立たされた一国家の統治者が、国内外における責任を果たすために、どういうバランスある決断を下せるかこそが問題なのだ。

アメリカの軍事行動が、単なるテロ報復のためか、国際正義なるものの擁立と執行のためのものであるか、その判断は微妙である。ブッシュ大統領の個人感情がどうあれ、また、アメリカ国民の単純な結束に対する違和感や羨望がどうあれ、要するに、客観的に見て今回の動きは、報復感情と国際正義の擁立への志向、つまり「情念」と「理性」のアマルガムたる国家の二重の側面がそのまま表現されたと見るのが正確なところだろう。そのうえで、イギリスのブレアー首相を中心としたその精力的でスピーディな外交努力と、攻撃目標をなるべく限定するアメリカのハイテク軍事技術の行使とに象徴される、今回のアメリカおよびアメリカの側に「ショウ・ザ・フラッグ」した国家群の協力体制のあり方のなかに、戦後国際政治の一定の成熟を見る、というのが私の判断である。アフガン秩序回復のための国際会議が日本で開かれたことも、大いに評価されてよい。

もちろんまた、アラブ諸国が力説する、「パレスチナ問題の解決なくしてテロの撲滅はあり得ない」という認識も、これからの重い課題として尊重されるべきことはいうまでもない。いずれにせよ、これらの複雑な国際的絡まりに対する先進諸国家群の対応の努力のなかに、

＊3　その後のブッシュ大統領の「悪の枢軸国」発言などは、いささかバランスを失したものと判断せざるを得ないが。

そろそろ国際秩序と諸国民の安全を維持していくための「世界連邦国家」なるものを日程に乗せるべきだという一般的感知がほの見えていると私は感じる。そしてこのことを、泥沼的な国際関係の中の唯一の「希望」として確認しておきたいと思う。

そして、もう一つ重要な点は、国際社会において力をもつ国家群こそが、それぞれの立場にしたがってそれ相応の責任を行使する義務もまた有するという現実的な判断が何よりも優先されるべきだということである。一八〇の大国、小国が対等に話し合って「国際平和」を実現するという国連の理念の観念性は、この現実的な判断との関係において、再検討に付されてしかるべきであろう。

これは、べつに国連を否定するということではなく、それぞれの役割と限界を見極めつつ、新しい連係プレーのかたちを再編成すべきだということである。たとえば、タリバン崩壊後の秩序回復のための多国籍軍の編成にアメリカは参入を遠慮したが、この対応は、被害当事者国がその感情的動機を過度に反映させるのは避けるべきだという意味で、賢明なものだったと思われる。

†諸国家の存立を否定しない「世界連邦国家」の必要性

私のいう「世界連邦国家」は、コスモポリタニズムのような観念的な理想主義とはまったく違って、いわばもっと機能的な必要という観点から考えられたものである。それは、諸国家の存立を否定しないし、その利害の衝突や摩擦の必然性をそれとして認めることが前提である。

どんな小さな、閉じた共同社会も、諸個人や諸集団の特殊利害の非妥協的な対立をはらんでいて、それがあればこそ、それらを調整するために超越した権力が必要とされ、その必要性を各人が承認すればこそ、共同体としてのまとまりが根拠をもつ。近代以降、それを中心的に担うのが、ルールの体系（国家の場合には法）であり、それを執行する機関（国家の場合には政府）であり、争いや侵害をさばくシステム（国家の場合には法廷）であることはいうまでもない。

ところで、私たちの形而下的・具体的な生活条件が、かつてないほどにグローバルで、国境を越える交流関係によって支えられるようになってしまったという現実は、だれも否定できないわけだが、このことは同時に、私たちの利害対立がグローバルなかたちで危険にさらされることをも意味する。この危険は、したがって、一国家内部の安全保障体制を越えていることも明らかであり、かつまた、解決困難な国家どうしの対立に発展する可能性を常にはらんでいることも明らかである。だからこそそこに、諸国家の特殊意志、特殊利害を前提としつつ、そのうえに立ってこれを調整していくべき強力な超越機関を立ち上げる必要が生まれているのだ。秩序と平和と安定の維持のために「世界連邦国家」が要請されるゆえんである。

具体的に今回のテロ事件に即していうなら、私は、オサマ・ビンラディンを生け捕りにしたうえで、アメリカ国内法でこれを裁くのではなく、新たに国際法廷を立ち上げて、そこで処罰する(当然、死刑が妥当であろう)のが最も賢明なやり方であると考えている。これは現実的にはいろいろなむずかしさを含んでおり、うまくできる確率はかなり低いが、しかしそれが唯一の理にかなった対処であるという「理念」だけは動かすわけにいかない。

つまり、あらかじめ何か絶対的な「正義」の観念や、それを執行する方法があると考えるのでもなく、どうせ人間世界に「正義」などはあり得ず、事態は闇にまぎれてまた泥仕合が続くだけだと絶望するのでもなく、こうした新しい必要にもとづいた新しい対処の方法を具体的に作りあげていくことを通じて、あくまで理念としてしかない「正義」を、少しでも実現の方向に近づけてゆく努力の過程こそが、ヘーゲルのいう「人間理性の発展」を証拠立てる唯一の道となるのである。

†アメリカのダブルスタンダードをどう考えるか

ところで、それでは、日本への東京大空襲や原爆投下に何の公式的反省も示さないアメリカ、ベトナムの内紛にイデオロギー的な建前から傲然と介入して何の成果ももたらさないいま、多くの犠牲者を出したアメリカ、自ら核武装やミサイル開発を強力に押し進めながら、「抑止力」の名の下にそれを合理化し、途上国家の核開発を許さないアメリカ、イスラエルという人工国家やイラクに強力な軍事支援をしてきながら、パレスチナ問題をこじらせ、かつ湾岸戦争に率先して参加したアメリカ、あの身勝手なダブルスタンダードのアメリカに、「正義」を僭称する資格がいったいあるのか、という反論にどう答えるかという問題が残る。

これは、たしかに、人間社会の問題が、単にアップ・トゥ・デイトな問題をだれがいかに裁くかという問題のみならず、「歴史が作り出した怨念と歴史解釈の不一致」をだれがいかに解消するのかという、時間軸に沿った問いと常に不可分に立ち現れるところに発生する難問である。むろん私個人は、少なくともアメリカの東京大空襲や原爆投下は、当時の常識に照らしても、戦争は戦闘員どうしの対等な戦闘行為に限るべしという国家間の黙契の範囲をはなはだしく逸脱した最大級の戦争犯罪であり、日本に対して公式に謝罪すべきだという考えをもっている。また、つくづく、アメリカは力を楯に「正義」を平然と振りかざす国で、反省ということをしない国だとも思っている。

しかし、だからといって、世界を震撼させ、自由世界に大きなダメージを与えたことが明瞭な今回のテロ事件に対して、直接の被害市民を抱えたアメリカが、これをいい反省材料にして、何の積極的行動も起こさずにただひたすら自国民の被害感情や先進国の住民の不安感情をなだめる平和的な政策を採るべきだというような論理が成立するだろうか。「やられたらやり返す」は、まずどこの国民にとっても普遍的な自然感情である。そして、国家がそれを集約して行動を起こす場合、必ず「正義」の建前を鮮明に掲げなければならないことも、すでに述べた通りである。

さらに重要なことは、単にすべての先進国のみならず、タリバンのアフガン支配を認めていたあの隣国パキスタンのムシャラフ大統領までもが、苦渋の選択とはいえ、アメリカの「正義」の建て前に同意したという事実である。それこそは力の支配への屈服だという側面もあるだろうが、果たしてそれだけだろうか。いやしくも一国の統治者であるならば、この際「長いものには巻かれろ」という決断をすることが、結局は自国の安全の維持につながるというバランス感覚をはたらかせることは当然であろうし、またその打算的な政治選択のなかに、「正義」や「理性」を実現させようとする志向性が一片も見あたらなかったなどとは言えないだろう。

とはいえ、「歴史が作り出した怨念と歴史解釈の不一致」をいかに解消するかは、まことに難問である。ここでもまったく原理的な「理念」のかたちでしか言えないが、要するに、大国の行動が引き起こした影響のなにがしかは、必ず他への責任問題をも発生させるのだから、一番妥当なのは、大国がその責任の所在をたえず公式的に明確化しつつ、未来の政治選択にそれを繰り込んで生かしていくということだろう。テロ事件に絡めて象徴的にいうなら、アメリカは、たとえば東京大空襲や原爆投下の悪をみずから認めつつ、むしろこういうことを再び繰り返さないためにも、今度のテロとの闘いは正当化されるべきだという論理を、言葉としてはっきりと打ち出すべきだっただろう。あの「言葉の国」アメリカが、公式的にはそれをけっしてやろうとしないという事実は大いに批判に値することだし、私たち他国民にとって、そうした批判の目を失わないようなスタンスをとり続けることもまた必要とされるところである。

†どういう時に「戦争は道徳的な悪である」と宣言できるか

私たちは、現在、「戦争はお互いにとっていいことはないからなるべくやめよう」と訴え続け、またそのための努力を続けることはできるが、まだ「戦争は悪である」と道徳的に宣言できる資格を持っていない。というのも、国家利害の対立や、テロ集団の襲撃を十全に抑止できる秩序体制は確立されておらず、経済格差やイデオロギーの違いから生ずる摩擦を低減するためには、かろうじてアメリカのような超大国を中心とした各国の知恵と責任意識と軍事力、また、諸国家間の安全保障体制などにもとづく「力の均衡」に依存するほかはないからである。

もちろん、私たちは逆に、今さら「戦争は善である」とか「これこれの戦争なら善である」などと道徳的・普遍的に宣言する資格も持っていない。そういう資格があるのは、私たち一人ひとりの実存が、自分たちの属する一共同体全体の共通利益との間に大きな分裂を抱えていず、しかもその共同体が実際に平和と秩序と繁栄とを維持しえている場合に限られるのである。なぜならその場合には、外から共同体の秩序を乱しにやってくる共通の「敵」を倒すことは、「善」として認められるべきだからである。だが、現在の国際社会は、一部の閉鎖的で偏狭な国家を除いて、形而下的な（資本主義的な）意味ではほとんど極限まで開かれてしまっており、個人や一集団の特殊な情念や欲望や意志と、彼らの属する一国家の共通利益とが完全に一致する時代は終わってしまったのだ。

今の段階ではきわめて実現がむずかしいことなのだが、いま仮に、国家と国家とが紛争や戦争を起こしたときに、これを超越的な立場から必ずきちんと制裁できる国際秩序が確立されている状態を想定してみよう。こうした想定が現実のものとなるとき、そこにおいて、初めて「戦争は普遍的な悪である」という道徳命題が成り立つのである。なぜなら、そのとき、戦争を起こす国家は、一国内において法を犯す犯罪者と同じだということになるからだ。

私たち人類は、歴史的・文化的共同観念を束ねるものとしての主権国家の存在を認めつつ、それら相互間の摩擦や衝突を裁く「世界連邦国家」の構想を日程に乗せなくてはならない。それが現在どれほど空想的に思われ、その実現が何百年後のことになろうとも、世界史の現在の段階がそれを要請している事実だけは動かしがたい。「世界連邦国家」の現実的な確立を俟《ま》ってようやく私たちは、「戦争は道徳的な悪である」と宣言できる権利を獲得するのである。

あとがき

　この本で私は、「人間は関係的、共同的な存在であることをその本質としている」という思想的立場に一貫して立っている。自我の確立とは、個別存在として切り離された「私」を世界に対して立てることなのではなく、もともと世界への「開かれ」の可能性をもってこの世に登場する一個の身体に、その特性に見合うような「対他者意識」のはたらきを寄り添わせ、内在化させ、統合させることを意味する。

　これは、別にことあたらしい指摘ではなく、すでに昔から気づかれていたことだ。有名な例としては、マルクスの「人間とは、その本質においては、社会的諸関係の総体である」という定義がある。しかし、ただ単に「社会的諸関係の総体である」と規定しただけでは、抽象度が高すぎて、性愛や家族などのように、個々の実存的な生のうちに照り返してくる重要な問題へのまなざしを希薄化させてしまうおそれがある。そこで私が常々提起してきたのは、この「関係的、共同的な存在」というあり方のなかに、「エロス的な関係」と「社会的な関係」という二項の区別を持ち込んで人間を把握する方法であった。この区別（本文で述べた通り、これは「峻別」ではない）によって、個々の人間の生における「気づかい」の絡まり具合は、一定の整理された構造として見えてくるはずである。

また私は、本文でもその名前にしばしば言及したように、ホッブズ、ヘーゲル、ニーチェ、ベルクソン、ハイデガーといった西欧の大思想家たちの影響をいつのまにか強く受けている。もとより哲学の専門家ではないので、その影響の受け方は、「直感的ないいとこ取り」の気味が否めず、厳密に検討したら、我田引水や不整合をいくつも含むかもしれない。しかし私にとって、これらの思想家は、ある点で共通した世界把握の仕方をしている存在として映り、またその共通の把握の仕方が、生に対する私自身の直観によく適合するように思えるため、一種の愛着の感情を禁じ得ないのである。その共通点とは、ひとことでいえば、人間を常に「何かに向かって生きて動く主体」としてつかまえるという、いわば当たり前のことである。だが、この「当たり前のこと」を貫きながら、人間世界のあり方を言葉として展開し、定着させる作業がなかなかむずかしいのだ。

たとえば私は、「道徳」を、人間に本性として備わった固定的なものとは考えていない。それは、人間情緒の本質的側面としての「共感性」を基礎条件として繰り込みながら、その限界を踏まえつつ、共同社会の維持のためにやむなく案出された加工品である。しかし、道徳に対するこの相対主義的なとらえ方は、道徳の無用性を少しも意味しない。かえってこの相対主義的な認識を一度はかいくぐることを通してこそ、私たちが現在および未来を生きる自己自身のために、ある特殊な「道徳」に対してその妥当性を不断に問わなくてはならないという倫理的な要請が保証されるのである。

このように、私たち人間世界には、一見自明なことがらのように思えながら、その根拠を問うていくと、そう簡単には了解できないという事態に必ずぶつかる。「はじめに」にも述べたように、とくに、情緒、身体、言語、美、性愛といったテーマ領域は、これまでの思想史が十分に言及し得ないまま積み残した大きな課題である。ない力を絞って、これからも挑んでいきたいと思う。

この本の構想・執筆と並行して、私は、永年の畏友・佐藤幹夫氏とともに、「人間学アカデミー」なる連続講座を企画し、実行に移した。これは、二〇〇一年の十月よりスタートし、二〇〇二年の六月をもって第一期を終了するもので、講師として、社会学者の橋爪大三郎氏、政治学者の櫻田淳氏、精神科医の滝川一廣氏、哲学者の西研氏、同じく哲学者の竹田青嗣氏、そして小浜という六人の陣容からなっている。六月二十二日（土）には、講師全員が勢揃いするシンポジウム「二十一世紀の人間学のために」を開催する予定である。また現在、第二期を構想中である。（なお「人間学アカデミー」の詳しいことについては、「人間学アカデミー事務局」eメール：sato-mikio-kiga@msc.biglobe.ne.jp　ホームページURL：www.ittsy.net/academy/)

この講座に主催者の一人として毎回参加することを通じて、私は、本書の執筆内容についての大きなヒントを与えられると同時に、「人間学」というトータルな枠組みにおける考察を押し進めることの必要性を痛感した。意欲と関心と能力さえあれば、だれもが「人間」の営みについて総合的に思考し、論じあうことができるはずだ。多様な専門諸科学の達成をただその領域内に閉じこめておくのではなく、それらを開かれた場に引き出して、たがいに交流させる――思想というものを、私はそういう言語空間として考えたい。

本書の執筆に当たっては、佐伯啓思氏著『国家についての考察』の書評の機会を与えて下さった元産経新聞文化部の田中紘太郎氏、テロ事件にかかわる一連の論争の掲載誌を敏速に送って下さった元『正論』編集部の桑原聡氏に大いにお世話になった。この場を借りて謝意を表したい。またいつものことながら、ヴィヴィッドなテーマ設定から完成までの編集作業を担当して下さった洋泉社の小川哲生氏に深く感謝したい。

二〇〇二年五月五日

小浜逸郎

小浜逸郎（こはま・いつお）
1947年横浜生まれ。横浜国立大学工学部卒業。批評家。家族論、学校論、思想、哲学など幅広く批評活動を展開。主な著書に『学校の現象学のために』（大和書房）、『男はどこにいるのか』『方法としての子ども』（ちくま文庫）、『無意識はどこにあるのか』（洋泉社）、『オウムと全共闘』（草思社）、『癒しとしての死の哲学』（王国社）、『大人への条件』（ちくま新書）、『「弱者」とはだれか』『「男」という不安』（PHP新書）、『なぜ人を殺してはいけないのか』『中年男に恋はできるか』（洋泉社・新書y）、『これからの幸福論』（時事通信社）、『人生を深く味わう読書』（春秋社）など多数ある。

新書y 064

人はなぜ働かなくてはならないのか 新しい生の哲学のために

発行日	2002年6月21日　初版発行 2007年2月21日　四刷発行
著者	小浜逸郎©2002
発行者	石井慎二
発行所	株式会社 洋泉社 東京都千代田区神田錦町1-7 〒101-0054 電話 03(5259)0251 振替 00190-2-142410㈱洋泉社
印刷・製本	図書印刷株式会社
装幀	菊地信義

落丁・乱丁のお取り替えは小社営業部宛
ご送付ください。送料は小社で負担します。
ISBN978-4-89691-641-6
Printed in Japan
洋泉社ホームページhttp://www.yosensha.co.jp